2020年版

中検4級
試験問題

[第98・99回]
解答と解説

一般財団法人
日本中国語検定協会 編

白帝社

音声ファイルダウンロードについて

■『中検 4 級試験問題 2020［98・99 回］』の音声ファイル（MP3）を無料でダウンロードすることができます。
下記サイトにアクセスしてください。
第 98 回
http://www.hakuteisha.co.jp/audio/chuken/4-98.zip
第 99 回
http://www.hakuteisha.co.jp/audio/chuken/4-99.zip

■本文中の マークの箇所が音声ファイル（MP3）提供箇所です。
ファイルは ZIP 形式で圧縮された形でダウンロードされます。
会場での受験上の注意を収録したトラック 01，02，43 の番号は，本書「問題」部分には記していません。

■スマートフォンで音声ダウンロードと再生を行う場合の参考情報は，p.iii をご覧ください。

■本書と音声は著作権法で保護されています。

ご注意

＊ 音声の再生には，MP3 ファイルが再生できる機器などが別途必要です。
＊ ご使用機器，音声再生ソフトに関する技術的なご質問は，ハードメーカー，ソフトメーカーにお問い合わせください。

音声ダウンロードファイルをご利用できない場合は CD をお送りします。
葉書あるいはメールに必要事項（①『中検 4 級試験問題 2020［98・99 回］』の CD 希望，②お送り先の住所，③氏名）を明記の上，下記宛にお申し込みください。

171-0014 東京都豊島区池袋 2-65-1　白帝社 CD 係
info@hakuteisha.co.jp

まえがき

私たちの協会はこれまで各回の試験が終わるごとに級別に試験問題の「解答解説」を発行し，また年度ごとに3回の試験問題と解答解説を合訂した「年度版」を公表してきました。これらは検定試験受験者だけでなく，広く中国語学習者や中国語教育に携わる先生方からも，大きな歓迎を受けてきましたが，ただ主として予約による直接購入制であったため，入手しにくいので一般の書店でも購入できるようにしてほしいという声が多く受験者や学習者から寄せられていました。

その要望に応えるため，各回版と年度版のうち，「年度版」の発行を2013年度実施分より中国語テキストや参考書の発行に長い歴史と実績を有する白帝社に委ねることにしました。「各回版」の方は速報性が求められ，試験終了後直ちに発行しなければならないという制約を有するため，なお当面はこれまでどおり協会が発行し，直接取り扱うこととします。

本書の内容は，回ごとに出題委員会が作成する解答と解説に準じていますが，各回版刊行後に気づいた不備，回ごとの解説の粗密や記述体裁の不統一を調整するとともに，問題ごとに出題のねらいや正解を導くための手順を詳しく示すなど，より学習しやすいものになるよう配慮しました。

本書を丹念に読むことによって，自らの中国語学習における不十分なところを発見し，新しい学習方向を定めるのに役立つものと信じています。中国語学習者のみなさんが，受験準備のためだけでなく，自らの学力を確認するための目安として本書を有効に活用し，学習効果の向上を図られることを願っています。

2020年5月

一般財団法人 日本中国検定協会

本書について

本書は，日本中国語検定協会が2019年度に実施した第98回（2019年6月），第99回（2019年11月）中国語検定試験の問題とそれに対する解答と解説を，実施回ごとに分けて収めたものです。リスニング問題の音声はダウンロードして聴くことができます。

問　題

・試験会場で配布される状態のものに，音声のトラック番号を 03 のように加えています。ただし，会場での受験上の注意を収録した各回のトラック01，02，43は記していません。

解答と解説

・問題の最初に，出題のポイントや正解を導くための手順を簡潔に示しています。

・４択式の解答は白抜き数字❶❷❸❹で，記述式の解答は太字で示しています。解説は問題ごとに　　内に示しています。

・長文問題の右側の数字は，５行ごとの行数を示しています。

・リスニングの長文聴解や，筆記の長文読解の文章中の解答部分，あるいは解答を導く手掛かりとなる箇所には破線- - - -のアンダーラインを施しています。

・準４級・４級・３級の問題文と選択肢の文すべて（一部誤答は除く）にピンインと日本語訳例を付し，リスニング問題にはピンインと漢字表記および日本語訳を付けています。

・ピンイン表記は原則として《现代汉语词典 第７版》に従っていますが，“不”“一”の声調は変調したものを示しています。

“没有”は動詞は méiyǒu，副詞は méiyou のように表記しています。

軽声と非軽声の２通りの発音がある場合は，原則として軽声の方を採用しています。例：“打算 dǎ·suàn”は dǎsuan，“父亲 fù·qīn”は fùqin，“因为 yīn·wèi”は yīnwei。

方向補語は次の例のように表記しています。

動詞“起”が方向補語“来”を伴う場合の可能・不可能形：“来”は非軽声。

起来 qǐlai	⇨	起得来 qǐdelái	起不来 qǐbulái
（起き上がる）		（起き上がれる）	（起き上がれない）

動詞“赶”が方向補語“上”を伴う場合の可能・不可能形：“上”は非軽声。

赶上 gǎnshang	⇨	赶得上 gǎndeshàng	赶不上 gǎnbushàng
（追いつく）		（追いつける）	（追いつけない）

複合方向補語“起来”を伴う動詞“拿”の可能･不可能形:“起来”は非軽声。

拿起来 náqilai	⇨	拿得起来 nádeqǐlái	拿不起来 nábuqǐlái
（手に取る）		（手に取れる）	（手に取れない）

複合方向補語“起来”の“起”と“来”の間に目的語が置かれる場合：“起”は非軽声，“来”は軽声。

拿起书来 náqǐ shū lai	⇨	拿得起书来 nádeqǐ shū lai
（本を手に取る）		（本を手に取れる）
		拿不起书来 nábuqǐ shū lai
		（本を手に取れない）

“上来、上去、下来、下去、出来、出去”等はすべて上の例にならう。

・品詞名，術語の略称は次のとおりです。

[名] 名詞	[動] 動詞	[助動] 助動詞
[形] 形容詞	[数] 数詞	[量] 量詞（= 助数詞）
[数量] 数詞 + 量詞		

[代] 代詞（名詞・動詞・形容詞・数量詞・副詞に代わる語）

[副] 副詞	[介] 介詞（= 前置詞）	[接] 接続詞（= 連詞）
[助] 助詞	[感] 感動詞	[接頭] 接頭辞
[接尾] 接尾辞		

中国語の“状语”は状況語（連用修飾語），“定语”は限定語（連体修飾語）としています。

・音声のトラック番号は，03 のように示し，繰り返しのものを割愛しています。

解答用紙見本

・巻末にマークシート式の解答用紙の見本（70％縮小）があります。記入欄を間違えないように，解答欄の並び方を確認しましょう。

参考情報 スマートフォンで音声ダウンロードと再生を行う手順

各回の URL と QR コード：

98 回は　http://www.hakuteisha.co.jp/audio/chuken/4-98.zip

99 回は　http://www.hakuteisha.co.jp/audio/chuken/4-99.zip

・Clipbox を使う場合

① **iPhone** は，App Store から Clipbox Zip（解凍用アプリ）をダウンロードします。聞きたい回の URL を入力すると，音声ダウンロードページが現れます。

② ダウンロードしたいものを選択（タッチ）します。

③「Clipbox Zip にコピー」を選択します。

④ 出てきた Zip を選択します。

⑤「解凍します」を選択します。

⑥ 聞きたいトラック番号を選択して，音声を再生します。

① **Android** は，Play ストアから Clipbox+ をダウンロードします。

②「クリップ」を選択（タッチ）し「URL」入力画面にダウンロードする回の URL を入力します。

③「OK」を選択して、TOP に戻り保存場所を選択します。

④ フォルダを選択すると「解凍しますか」が表示され，「OK」を選択すると，解凍された mp3 ファイルが現れます。

⑤ 聞きたいトラック番号を選択して音声を再生します。

・Easy Zip を使う場合

① App Store から Easy Zip（解凍用アプリ）をダウンロードします。

② ダウンロードする回の URL を入力すると，音声ダウンロードページが現れます。

③ ダウンロードしたいものを選択（タッチ）します。

④「“Easy Zip”で開く」を選択します。

⑤ 出てきた Zip を選択します。

⑥「解凍します」を選択すると，黄色いフォルダが作成されます。

⑦ 聞きたいトラック番号を選択して，音声を再生します。

目　次

第98回

(2019年6月)

問　題

解答時間：計100分

配点：リスニング100点，筆記100点

解答と解説

リスニング （⇨解答と解説11頁）

03 **1** ⑴～⑽の中国語の問いを聞き，答えとして最も適当なものを，それぞれ①～④の中から１つ選び，その番号を解答欄にマークしなさい。　（50 点）

04 ⑴

①　②　③　④

05 ⑵

①　②　③　④

06 ⑶

①　②　③　④

07 ⑷

①　②　③　④

08 ⑸

①　②　③　④

09 ⑹

①　②　③　④

10 ⑺

①　②　③　④

11 ⑻

①　②　③　④

12 ⑼

①　②　③　④

13 ⑽

①　②　③　④

14 **2** 中国語を聞き，(1)～(10)の問いの答えとして最も適当なものを，それぞれ①～④の中から1つ選び，その番号を解答欄にマークしなさい。 (50点)

15
22
メモ欄

16
23

(1)～(5)の問いは音声のみで，文字の印刷はありません。

17 (1)
24 ① ② ③ ④

18 (2)
25 ① ② ③ ④

19 (3)
26 ① ② ③ ④

20 (4)
27 ① ② ③ ④

21 (5)
28 ① ② ③ ④

29 メモ欄

36

30

37

31 ⑹ 玛莉的生日是几月几号？

38 ①　②　③　④

32 ⑺ 九月的伦敦天气怎么样？

39 ①　②　③　④

33 ⑻ 玛莉最喜欢谁送的生日礼物？

40 ①　②　③　④

34 ⑼ 生日那天，玛莉和朋友们吃什么了？

41 ①　②　③　④

35 ⑽ 他们去附近的公园干什么了？

42 ①　②　③　④

筆 記 （⇨解答と解説23頁）

1 1. (1)～(5)の中国語で声調の組み合わせが他と異なるものを，それぞれ①～④の中から１つ選び，その番号を解答欄にマークしなさい。 (10点)

(1) ① 有名 ② 网球 ③ 南方 ④ 以前

(2) ① 教育 ② 留学 ③ 重要 ④ 四月

(3) ① 上学 ② 电脑 ③ 外国 ④ 姓名

(4) ① 打工 ② 出发 ③ 餐厅 ④ 开车

(5) ① 时间 ② 国家 ③ 努力 ④ 前天

2. (6)～(10)の中国語の正しいピンイン表記を，それぞれ①～④の中から１つ選び，その番号を解答欄にマークしなさい。 (10点)

(6) 寒假 ① hánjià ② hánjiǎ ③ kānjià ④ kānjiǎ

(7) 电车 ① tiànchē ② tiànchā ③ diànchē ④ diànchā

(8) 发音 ① hāyīn ② fāyīn ③ fāyīng ④ hāyīng

(9) 睡觉 ① suìqiào ② shuìqiào ③ suìjiào ④ shuìjiào

(10) 词典 ① cítiǎn ② zìtiǎn ③ cídiǎn ④ zìdiǎn

2 ⑴～⑽の文の空欄を埋めるのに最も適当なものを，それぞれ①～④の中から１つ選び，その番号を解答欄にマークしなさい。 (20点)

⑴ (　　　) 你家到学校要多长时间?

① 在　② 对　③ 从　④ 离

⑵ 桌子上放 (　　　) 一台电脑。

① 地　② 着　③ 得　④ 在

⑶ 这 (　　　) 毛衣真漂亮。

① 张　② 枚　③ 条　④ 件

⑷ 老李昨天 (　　　) 来了。

① 又　② 再　③ 没　④ 才

⑸ 他们是坐地铁去 (　　　)。

① 的　② 了　③ 过　④ 着

⑹ 今天的作业我已经做 (　　　) 了。

① 能　② 会　③ 完　④ 懂

⑺ 她跳舞跳 (　　　) 非常好。

① 过　② 了　③ 着　④ 得

⑻ (　　　) 八点了，我得去上课。

① 就　② 快　③ 才　④ 还

⑼ 我 (　　　) 问你一个问题吗?

① 会　② 能　③ 要　④ 得

⑽ 你喜欢吃中国菜，(　　　) 喜欢吃法国菜?

① 可是　② 只是　③ 就是　④ 还是

3 1. (1)～(5)の日本語の意味に合う中国語を，それぞれ①～④の中から１つ選び，その番号を解答欄にマークしなさい。 (10点)

(1) 父はわたしにお酒を飲ませません。

① 爸爸不让我喝酒。

② 爸爸让我不喝酒。

③ 我不让爸爸喝酒。

④ 我让爸爸不喝酒。

(2) わたしの財布は盗まれてしまいました。

① 我的钱包偷走被了。

② 我的钱包偷了被走。

③ 我的钱包被偷了走。

④ 我的钱包被偷走了。

(3) わたしは京劇を１度観たことがあります。

① 我看过京剧一次。

② 我京剧一次看过。

③ 我看过一次京剧。

④ 我一次看过京剧。

(4) 兄はわたしより３つ年上です。

① 哥哥比我三岁大。

② 哥哥比我大三岁。

③ 哥哥三岁比我大。

④ 哥哥大三岁比我。

(5) 姉はいま手紙を書いています。

① 姐姐在正写信呢。

② 姐姐正在写信呢。

③ 姐姐正写信在呢。

④ 姐姐写信正在呢。

2. ⑹～⑽の日本語の意味になるように，それぞれ①～④を並べ替えたとき，[　　]内に入るものはどれか，その番号を解答欄にマークしなさい。（10点）

⑹ わたしはロシア語を学んだことがありません。

我[＿＿＿＿]＿＿＿＿ ＿＿＿＿ ＿＿＿＿。

① 没有　② 过　③ 学　④ 俄语

⑺ 彼女はイギリスに留学する予定です。

她＿＿＿＿ [＿＿＿＿] ＿＿＿＿ ＿＿＿＿。

① 英国　② 留学　③ 打算　④ 去

⑻ わたしは友だちと一緒に買い物に行きます。

我[＿＿＿＿]＿＿＿＿ ＿＿＿＿ ＿＿＿＿买东西。

① 一起　② 跟　③ 去　④ 朋友

⑼ 彼らはもう中国に帰って行きました。

他们＿＿＿＿ ＿＿＿＿ ＿＿＿＿ [＿＿＿＿]了。

① 中国　② 已经　③ 去　④ 回

⑽ わたしは日曜日に3時間テニスをします。

我＿＿＿＿ [＿＿＿＿] ＿＿＿＿ ＿＿＿＿。

① 网球　② 三个小时　③ 打　④ 星期天

4 次の文章を読み，(1)～(6)の問いの答えとして最も適当なものを，それぞれ①～④の中から1つ選び，その番号を解答欄にマークしなさい。 (20点)

我房间里的书架上 [(1)] 很多书。它们都是我的朋友。我最好的朋友是《新华字典》。

有一天我放学回家，看见奶奶手里拿 [(2)] 一本厚厚的书。

“奶奶，您手里拿的是什么书啊？”我好奇地问。

奶奶说：“是《新华字典》。”

我又问：“字典是什么？”

“它是用来查汉字的书，有不认识的字，查查它就能认识了。”奶奶回答说：“现在，我把这本字典送 [(3)] 你了。”

听了奶奶的话，我接过了《新华字典》，高兴地说了声“谢谢”，然后跑进我的房间里，开始读起来。字典里的每一页 [(4)] 有很多我不认识的字。看完了一页，再看下一页。妈妈看我那么好学，笑着说：“哟！我们家要出个小博士了！”

《新华字典》成了我最好的朋友。特别是做语文作业或者写作文的时候，不 [(5)] 没有它的帮助。有一次，期末考试写作文，我遇到了一些不会写的字，是《新华字典》帮了我。我要好好谢谢它。

现在，我对《新华字典》的感情越来越深了。有《新华字典》做朋友，我真高兴！

(1) 空欄(1)を埋めるのに適当なものは，次のどれか。

① 放　② 在　③ 有　④ 做

(2) 空欄(2)を埋めるのに適当なものは，次のどれか。

① 过　② 着　③ 得　④ 地

(3) 空欄(3)を埋めるのに適当なものは，次のどれか。

① 给　② 对　③ 到　④ 在

⑷ 空欄⑷を埋めるのに適当なものは，次のどれか。

① 很　② 正　③ 也　④ 都

⑸ 空欄⑸を埋めるのに適当なものは，次のどれか。

① 想　② 会　③ 能　④ 要

⑹ 本文の内容と一致するものは，次のどれか。

①《新华字典》对我的帮助不那么大。

② 家里的《新华字典》是我自己买的。

③ 我写作文离不开《新华字典》的帮助。

④ 因为有《新华字典》，朋友们都很高兴。

5 ⑴～⑸の日本語を中国語に訳し，漢字（簡体字）で解答欄に書きなさい。
（漢字は崩したり略したりせずに書き，文中・文末には句読点や疑問符をつけること。）

（20点）

⑴ コンビニはどこにありますか。

⑵ 彼はきょう学校に来ませんでした。

⑶ わたしは中国に旅行に行きたいです。

⑷ コーヒーを１杯下さい。

⑸ わたしは雑誌を１冊買いました。

リスニング

1

解答：(1)❷　(2)❶　(3)❷　(4)❸　(5)❶　(6)❹　(7)❸　(8)❷　(9)❸　(10)❷

一問一答：日常会話のなかでよく使われる問いの文に対して正確に答えることができるかどうかが問われています。　(5点×10)

04 (1) 問：你家有几口人？　お宅は何人家族ですか。
Nǐ jiā yǒu jǐ kǒu rén?

答：① 我有两个妹妹。　わたしには妹が2人います。
Wǒ yǒu liǎng ge mèimei.

❷ 我家有五口人。　わたしのところは5人家族です。
Wǒ jiā yǒu wǔ kǒu rén.

③ 我没有哥哥。　わたしには兄はいません。
Wǒ méiyǒu gēge.

④ 我家在上海。　わたしのところは上海です。
Wǒ jiā zài Shànghǎi.

“你家”で問われているので，“我家”を主語として，家族の人数を答えている②が正解です。なお，家族の人数を数えるときには“口”を量詞（助数詞）として用います。

05 (2) 問：你在干什么呢？　あなたは何をしているところですか。
Nǐ zài gàn shénme ne?

答：❶ 我在做作业呢。　わたしは宿題をしているところです。
Wǒ zài zuò zuòyè ne.

② 我不想看电影。　わたしは映画を観たくありません。
Wǒ bù xiǎng kàn diànyǐng.

③ 我在图书馆。　わたしは図書館にいます。
Wǒ zài túshūguǎn.

④ 我没有看过。　わたしは見たことがありません。
Wǒ méiyou kànguo.

“在干什么呢？”（何をしているところか）という進行形の問いかけに対して，“在做作业呢”と進行形で答えている①が正解です。

06 (3) 問：你在哪儿工作？
Nǐ zài nǎr gōngzuò?
あなたはどちらにお勤めですか。

答：① 我回家吃晚饭。
Wǒ huí jiā chī wǎnfàn.
わたしは家に帰って晩ごはんを食べます。

❷ 我在学校工作。
Wǒ zài xuéxiào gōngzuò.
わたしは学校に勤めています。

③ 我坐电车上班。
Wǒ zuò diànchē shàngbān.
わたしは電車で出勤します。

④ 我的工作很忙。
Wǒ de gōngzuò hěn máng.
わたしの仕事は忙しいです。

“在哪儿工作？”（どこで仕事をしているか）という質問に対して，“在学校工作”（学校に勤めている）と答えている②が正解です。

07 (4) 問：这个菜味道怎么样？
Zhège cài wèidao zěnmeyàng?
この料理の味はいかがですか。

答：① 不行，太贵了。
Bùxíng, tài guì le.
だめです，値段が高すぎます。

② 不行，太少了。
Bùxíng, tài shǎo le.
だめです，少なすぎます。

❸ 不错，很好吃。
Búcuò, hěn hǎochī.
なかなかいいです，（食べて）おいしいです。

④ 不错，很好喝。
Búcuò, hěn hǎohē.
なかなかいいです，（飲んで）おいしいです。

料理の味について“怎么样？”（どうであるか）と尋ねていますから，「（食べて）おいしい」と答えている③が正解です。

08 (5) 問：你每天几点睡觉？
Nǐ měi tiān jǐ diǎn shuìjiào?
あなたは毎日何時に寝ますか。

答：❶ 我每天十点半睡觉。
Wǒ měi tiān shí diǎn bàn shuìjiào.
わたしは毎日 10 時半に寝ます。

② 我每天六点半起床。
Wǒ měi tiān liù diǎn bàn qǐchuáng.
わたしは毎日6時半に起きます。

③ 我每天睡七个小时。
Wǒ měi tiān shuì qī ge xiǎoshí.
わたしは毎日7時間寝ます。

④ 我每天六点吃晚饭。
Wǒ měi tiān liù diǎn chī wǎnfàn.
わたしは毎日6時に晩ごはんを食べます。

寝る時刻は「何時か」と尋ねていますから，「10時半」と答えている①が正解です。②は起床する時間について，③は睡眠時間について，④は晩ごはんを食べる時刻について答えているので，いずれもふさわしくありません。

09 (6) 問：请问，这附近有邮局吗？
Qǐngwèn, zhè fùjìn yǒu yóujú ma?
お伺いしますが，この近くに郵便局はありますか。

答：① 我现在不想去邮局。
Wǒ xiànzài bù xiǎng qù yóujú.
わたしはいま郵便局に行きたくありません。

② 他不在邮局里边儿。
Tā bú zài yóujú lǐbianr.
彼は郵便局の中にはいません。

③ 邮局里有很多人。
Yóujú li yǒu hěn duō rén.
郵便局にはおおぜいの人がいます。

❹ 前面有一个邮局。
Qiánmiàn yǒu yí ge yóujú.
前方に郵便局があります。

「場所＋“有”＋人・事物」は「…に…がいる／ある」，「人・事物＋“在”＋場所」は「…は…にいる／ある」という意味になります。この付近に「郵便局があるかどうか」を尋ねているので，「前方に郵便局があります」と答えている④が正解です。

10 (7) 問：我喝乌龙茶，你呢？
Wǒ hē wūlóngchá, nǐ ne?
わたしはウーロン茶を飲みますが，あなたは？

答：① 你喝什么茶？
Nǐ hē shénme chá?
あなたは何のお茶を飲みますか。

② 你喝咖啡吗？
Nǐ hē kāfēi ma?
あなたはコーヒーを飲みますか。

❸ 我要一杯咖啡。 　わたしはコーヒーを1杯いただきます。
Wǒ yào yì bēi kāfēi.

④ 我也想喝咖啡。 　わたしもコーヒーが飲みたいです。
Wǒ yě xiǎng hē kāfēi.

質問者は自分はウーロン茶を飲むと言ったうえで,「あなたは?」と尋ねているので,“我”で答えている③と④が候補となります。「コーヒーをいただきます」と答えている③が正解です。④は相手がウーロン茶を飲むと言っているのに,副詞“也”を用いて「わたしもコーヒーが飲みたい」と答えているので不適当です。

11 (8) 問:超市里人多不多? 　スーパーの中は人が多いですか。
Chāoshì li rén duō bu duō?

答:① 超市里东西很多。 　スーパーは品物が多いです。
Chāoshì li dōngxi hěn duō.

❷ 超市里人很多。 　スーパーの中は人が多いです。
Chāoshì li rén hěn duō.

③ 超市里东西很贵。 　スーパーは品物の値段が高いです。
Chāoshì li dōngxi hěn guì.

④ 我家离超市很远。 　わたしの家はスーパーから遠いです。
Wǒ jiā lí chāoshì hěn yuǎn.

「A(場所)+B+形容詞句」で「AはBが…だ」という主述述語文になっています。「人が多いかどうか」が質問の内容ですから,正解は②です。①③はスーパーの品物やその値段について,④は家からの距離について答えていますから除外されます。

12 (9) 問:你会不会说汉语? 　あなたは中国語を話せますか。
Nǐ huì bu huì shuō Hànyǔ?

答:① 我觉得英语不难。 　わたしは英語は難しくないと思います。
Wǒ juéde Yīngyǔ bù nán.

② 我姐姐汉语不错。 　わたしの姉は中国語が上手です。
Wǒ jiějie Hànyǔ búcuò.

❸ 我只会说一点儿。 　わたしはほんの少しだけ話せます。
Wǒ zhǐ huì shuō yìdiǎnr.

④ 我有点儿不舒服。
Wǒ yǒudiǎnr bù shūfu.
わたしはちょっと気分が悪いです。

「中国語を話すことができるか」という問いですから，ほんの少しだけ“会说”（話せます）と答えている③が正解です。①は英語について，②は姉の中国語について，④は中国語とは関係ないのでいずれも不適当です。

13 ⑽ 問：你去中国留过学吗？
Nǐ qù Zhōngguó liúguo xué ma?
あなたは中国に留学したことがありますか。

答：① 吃过，我吃过北京烤鸭。
Chīguo, wǒ chīguo Běijīng kǎoyā.
あります，北京ダックを食べたことがあります。

❷ 没去过，我很想去留学。
Méi qùguo, wǒ hěn xiǎng qù liúxué.
ありません，わたしはとても留学したいです。

③ 我特别喜欢吃中国菜。
Wǒ tèbié xǐhuan chī Zhōngguó cài.
わたしは中華料理を食べるのがとりわけ好きです。

④ 我见过很多中国留学生。
Wǒ jiànguo hěn duō Zhōngguó liúxuéshēng.
わたしはたくさんの中国人留学生に会ったことがあります。

動詞の直後に助詞“过”をつけると，「…したことがある」という経験の表現になります。中国に留学したことがあるかを尋ねています。“去”と“吃”の音にも注意して聴き分けられるようにしましょう。「行ったことがないが，留学したい」と答えている②が正解です。

2 長文聴解

解答：⑴❸ ⑵❷ ⑶❷ ⑷❹ ⑸❸ ⑹❷ ⑺❹ ⑻❶ ⑼❷ ⑽❸

会話文の聞き取り：映画を観に行くことになった２人の打合せのやり取りを注意して聞き取りましょう。まとまった分量の会話についていけるかどうかが問われています

（5点×10）

15 王芳：佐藤，你好！明天是星期天，你有什么打算？
Zuǒténg, nǐ hǎo! Míngtiān shì xīngqītiān, nǐ yǒu shénme dǎsuan?

佐藤：你好！王芳。(1)明天我上午在家，下午去新宿看电影。	Nǐ hǎo! Wáng Fāng. Míngtiān wǒ shàngwǔ zài jiā, xiàwǔ qù Xīnsù kàn diànyǐng.
王芳：你跟谁一起去呢？	Nǐ gēn shéi yìqǐ qù ne?
佐藤：(5)小林和铃木。	Xiǎolín hé Língmù.
王芳：我能跟你们一起去吗？	Wǒ néng gēn nǐmen yìqǐ qù ma?
佐藤：当然可以。	Dāngrán kěyǐ.
王芳：你们打算怎么去呢？	Nǐmen dǎsuan zěnme qù ne?
佐藤：小林家离电影院很近，他走着去。	Xiǎolín jiā lí diànyǐngyuàn hěn jìn, tā zǒuzhe qù.
16 王芳：你和铃木呢？	Nǐ hé Língmù ne?
佐藤：(2)铃木骑自行车去。我坐电车去。	Língmù qí zìxíngchē qù. Wǒ zuò diànchē qù.
王芳：那我跟你一起坐电车去吧。	Nà wǒ gēn nǐ yìqǐ zuò diànchē qù ba.
佐藤：可以。(3)那我们先在电车站见面吧。	Kěyǐ. Nà wǒmen xiān zài diànchēzhàn jiànmiàn ba.
王芳：(4)(5)我的好朋友小兰也能一起去吗？	Wǒ de hǎo péngyou Xiǎolán yě néng yìqǐ qù ma?
佐藤：好啊，非常欢迎。	Hǎo a, fēicháng huānyíng.

訳：

王芳：佐藤君，こんにちは！あしたは日曜日だけど，あなたはどういう予定ですか。

佐藤：こんにちは！王芳さん。(1)あした僕は午前中家にいて，午後は新宿に映画を観に行きます。

王芳：誰と一緒に行くのですか。

佐藤：(5)小林君と鈴木君です。

王芳：わたしもあなたたちと一緒に行ってもいいですか。

佐藤：もちろんいいですよ。

王芳：どうやって行くつもりですか。

佐藤：小林君の家は映画館から近いから，彼は歩いて行きます。

王芳：あなたと鈴木君は？

佐藤：(2)鈴木君は自転車で行きます。僕は電車で行きます。

王芳：では，わたしはあなたと一緒に電車で行きます。
佐藤：いいですよ。(3)では，まず電車の駅で会いましょう。
王芳：(4)(5)親友の小蘭も一緒に行っていいですか。
佐藤：いいですよ，大歓迎です。

17 (1) 問：佐藤他们什么时候去看电影?
Zuǒténg tāmen shénme shíhou qù kàn diànyǐng?
佐藤君たちはいつ映画を観に行きますか。

答：① 昨天上午。Zuótiān shàngwǔ.　きのうの午前中。
② 昨天下午。Zuótiān xiàwǔ.　きのうの午後。
❸ 明天下午。Míngtiān xiàwǔ.　あしたの午後。
④ 明天上午。Míngtiān shàngwǔ.　あしたの午前中。

佐藤君たちがいつ映画を観に行くかを尋ねています。3～4行目で佐藤君が言っている“明天我上午在家，下午去新宿看电影”を聞き取ります。

18 (2) 問：铃木怎么去电影院?
Língmù zěnme qù diànyǐngyuàn?
鈴木君はどうやって映画館に行きますか。

答：① 走着去。
Zǒuzhe qù.
歩いて行く。
❷ 骑自行车去。
Qí zìxíngchē qù.
自転車で行く。
③ 坐电车去。
Zuò diànchē qù.
電車で行く。
④ 和佐藤一起去。
Hé Zuǒténg yìqǐ qù.
佐藤君と一緒に行く。

13行目で佐藤君が“铃木骑自行车去”と言っているのを聞き取ります。

19 (3) 問：佐藤和王芳在哪儿见面?
Zuǒténg hé Wáng Fāng zài nǎr jiànmiàn?
佐藤君と王芳さんはどこで会いますか。

答：① 电影院。Diànyǐngyuàn.　映画館で。

❷ 电车站。Diànchēzhàn. 電車の駅で。

③ 小林家。Xiǎolín jiā. 小林君の家で。

④ 新宿站。Xīnsù zhàn. 新宿駅で。

16行目で佐藤君が“那我们先在电车站见面吧”と言っているのを聞き取ります。

20 (4) 問：小兰是谁的好朋友？ 小蘭さんは誰の親友ですか。
Xiǎolán shì shéi de hǎo péngyou?

答：① 铃木的好朋友。 鈴木君の親友。
Língmù de hǎo péngyou.

② 小林的好朋友。 小林君の親友。
Xiǎolín de hǎo péngyou.

③ 佐藤的好朋友。 佐藤君の親友。
Zuǒténg de hǎo péngyou.

❹ 王芳的好朋友。 王芳さんの親友。
Wáng Fāng de hǎo péngyou.

18行目で王芳さんが“我的好朋友小兰也能一起去吗？”と言っているのを聞き取ります。

21 (5) 問：一共有几个人去看电影？ 全部で何人が映画を観に行きますか。
Yígòng yǒu jǐ ge rén qù kàn diànyǐng?

答：① 三个人。Sān ge rén. 3人。

② 四个人。Sì ge rén. 4人。

❸ 五个人。Wǔ ge rén. 5人。

④ 六个人。Liù ge rén. 6人。

6行目で佐藤君が“小林和铃木”と言っているのと，18行目で王芳さんが“我的好朋友小兰也能一起去吗？”と言っているのを聞き取ります。

文章の聞き取り：ロンドン在住で中国文化の好きなメアリーの 16 歳の誕生日祝いの様子です。

29　我叫玛莉，是英国人，家在伦敦。(6)我的生日是九月十九日。我喜欢这个生日数字，因为(7)伦敦九月的天气很好，不太下雨，也没有大风；在中国“九”是一个非常好的数字，跟“长久”的“久”的发音一样。

十六岁生日的时候，我收到了很多生日礼物。因为我在学习中文，特别喜欢中国文化，所以爸爸给我买了一本汉语词典，(8)姐姐送给我一张中国电影票，妹妹送给我一张中国音乐ＣＤ。(8)我最喜欢的是姐姐送的生日礼物。

30　我过生日那天，朋友们都来我家了。(9)妈妈给我们做了中国饺子和面条儿，还有一个大蛋糕。大家都非常喜欢吃妈妈做的中国菜。因为天气很好，吃完饭后，(10)我们去附近的公园聊天儿，唱中国歌儿，玩儿得很高兴。大家都说我的生日过得很有意思。

Wǒ jiào Mǎlì, shì Yīngguórén, jiā zài Lúndūn. Wǒ de shēngrì shì jiǔyuè shíjiǔ rì. Wǒ xǐhuan zhège shēngrì shùzì, yīnwei Lúndūn jiǔyuè de tiānqì hěn hǎo, bú tài xià yǔ, yě méiyǒu dàfēng; zài Zhōngguó “jiǔ” shì yí ge fēicháng hǎo de shùzì, gēn “chángjiǔ” de “jiǔ” de fāyīn yíyàng.

Shíliù suì shēngrì de shíhou, wǒ shōudàole hěn duō shēngrì lǐwù. Yīnwei wǒ zài xuéxí Zhōngwén, tèbié xǐhuan Zhōngguó wénhuà, suǒyǐ bàba gěi wǒ mǎile yì běn Hànyǔ cídiǎn, jiějie sònggěi wǒ yì zhāng Zhōngguó diànyǐngpiào, mèimei sònggěi wǒ yì zhāng Zhōngguó yīnyuè CD. Wǒ zuì xǐhuan de shì jiějie sòng de shēngrì lǐwù.

Wǒ guò shēngrì nà tiān, péngyoumen dōu lái wǒ jiā le. Māma gěi wǒmen zuòle Zhōngguó jiǎozi hé miàntiáor, hái yǒu yí ge dà dàngāo. Dàjiā dōu fēicháng xǐhuan chī māma zuò de Zhōngguó cài. Yīnwei tiānqì hěn hǎo, chīwán fàn hòu, wǒmen qù fùjìn de gōngyuán liáotiānr, chàng Zhōngguó gēr, wánrde hěn gāoxìng. Dàjiā dōu shuō wǒ de shēngrì guòde hěn yǒu yìsi.

訳：わたしはメアリーと言います。イギリス人で，家はロンドンにあります。(6)わたしの誕生日は 9 月 19 日です。わたしはこの誕生日の数字が好きです。なぜなら(7)ロンドンの 9 月は天気がよく，雨はあまり降らず，大風も吹かないからです。中国では「9」はとてもよい数字です。“长久”（長く久しい）の“久”（久しい）と発音が同じだからです。

16 歳の誕生日のとき，わたしはたくさんの誕生日プレゼントをいただきました。わたしが中国語を勉強していて，中国文化がとりわけ好きなので，父は中国語の辞書を１冊買ってくれ，(8)姉は中国映画のチケットをくれ，妹は中国音楽のCDを贈ってくれました。(8)わたしは姉が贈ってくれたプレゼントがいちばん気に入りました。

誕生祝いを過ごした日，友人たちはみんなわたしの家に来てくれました。(9)母はわたしたちのために中国のギョーザと麺を作ってくれました。それから大きなケーキもありました。みんな母の作った中華料理がとても気に入っていただきました。天気がよかったので，ごはんを食べてから，(10)わたしたちは近くの公園に行き，おしゃべりをしたり，中国の歌を歌ったり，楽しく遊びました。みんな，わたしの誕生日はとても楽しく過ごしたと言ってくれました。

31 (6) 問：玛莉的生日是几月几号？　メアリーの誕生日は何月何日ですか。
Mǎlì de shēngrì shì jǐ yuè jǐ hào?

答：① 九月十六号。Jiǔyuè shíliù hào.　9月16日。
❷ 九月十九号。Jiǔyuè shíjiǔ hào.　9月19日。
③ 十月十六号。Shíyuè shíliù hào.　10月16日。
④ 十月十九号。Shíyuè shíjiǔ hào.　10月19日。

1行目の“我的生日是九月十九日”を聞き取ります。

32 (7) 問：九月的伦敦天气怎么样？　9月のロンドンの天気はどうですか。
Jiǔyuè de Lúndūn tiānqì zěnmeyàng?

答：① 天气不太好。　天気はあまりよくない。
Tiānqì bú tài hǎo.
② 经常下大雨。　しょっちゅう大雨が降る。
Jīngcháng xià dà yǔ.
③ 有时候有大风。　時々大風が吹く。
Yǒu shíhou yǒu dà fēng.
❹ 天气很好。　天気はとてもよい。
Tiānqì hěn hǎo.

2行目の“伦敦九月的天气很好，不太下雨，也没有大风”を聞き取ります。

33 (8) 問：玛莉最喜欢谁送的生日礼物?
Mǎlì zuì xǐhuan shéi sòng de shēngrì lǐwù?
メアリーは誰からの誕生日プレゼントがいちばん気に入りましたか。

答：❶ 姐姐送的电影票。
Jiějie sòng de diànyǐng piào.
姉がくれた映画のチケット。

② 妹妹送的音乐 CD。
Mèimei sòng de yīnyuè CD.
妹がくれた音楽の CD。

③ 爸爸送的汉语词典。
Bàba sòng de Hànyǔ cídiǎn.
父がくれた中国語の辞書。

④ 妈妈做的大蛋糕。
Māma zuò de dà dàngāo.
母が作ってくれた大きなケーキ。

5～6行目の“姐姐送给我一张中国电影票，…我最喜欢的是姐姐送的生日礼物”を聞き取ります。

34 (9) 問：生日那天，玛莉和朋友们吃什么了?
Shēngrì nà tiān, Mǎlì hé péngyoumen chī shénme le?
誕生日にメアリーと友人たちは何を食べましたか。

答：① 饺子、炒饭、蛋糕。
Jiǎozi、chǎofàn、dàngāo.
ギョーザ，チャーハン，ケーキ。

❷ 饺子、面条儿、蛋糕。
Jiǎozi、miàntiáor、dàngāo.
ギョーザ，麺，ケーキ。

③ 炒饭、面条儿、蛋糕。
Chǎofàn、miàntiáor、dàngāo.
チャーハン，麺，ケーキ。

④ 饺子、炒饭、面条儿。
Jiǎozi、chǎofàn、miàntiáor.
ギョーザ，チャーハン，麺。

7～8行目の“妈妈给我们做了中国饺子和面条儿，还有一个大蛋糕。大家都非常喜欢吃妈妈做的中国菜”を聞き取ります。

35 (10) 問：她们去附近的公园干什么了?
Tāmen qù fùjìn de gōngyuán gàn shénme le?
彼女たちは近くの公園に行って何をしましたか。

答：① 学习中文了。
Xuéxí Zhōngwén le.
中国語を勉強した。

② 听中国音乐了。 中国の音楽を聴いた。
Tīng Zhōngguó yīnyuè le.

❸ 唱中国歌儿了。 中国の歌を歌った。
Chàng Zhōngguó gēr le.

④ 看中国电影了。 中国映画を観た。
Kàn Zhōngguó diànyǐng le.

9行目の“我们去附近的公园聊天儿，唱中国歌儿”を聞き取ります。

筆　記

1

解答：(1) ❸　(2) ❷　(3) ❷　(4) ❶　(5) ❸　(6) ❶　(7) ❸　(8) ❷　(9) ❹　(10) ❸

1. 発音　声調の組み合わせ：2 音節の単語の声調パターンが身についているかどうかを問われています。2 音節の単語は 99 頁の「2 音節語の声調の組み合わせ」によって，繰り返し練習してパターンを身に付けましょう。　(2 点× 5)

(1) ① 有名 yǒumíng　(有名だ)
② 网球 wǎngqiú　(テニス)
❸ 南方 nánfāng　(南の方)
④ 以前 yǐqián　(以前)

(2) ① 教育 jiàoyù　(教育)
❷ 留学 liúxué　(留学する)
③ 重要 zhòngyào　(重要だ)
④ 四月 sìyuè　(4 月)

(3) ① 上学 shàngxué　(学校に通う)
❷ 电脑 diànnǎo　(パソコン)
③ 外国 wàiguó　(外国)
④ 姓名 xìngmíng　(姓名)

(4) ❶ 打工 dǎgōng　(アルバイトをする)
② 出发 chūfā　(出発する)
③ 餐厅 cāntīng　(レストラン)
④ 开车 kāichē　(車を運転する)

(5) ① 时间 shíjiān　(時間)
② 国家 guójiā　(国家)
❸ 努力 nǔlì　(努力する)
④ 前天 qiántiān　(おととい)

2. **発音　声母・韻母のピンイン表記**：ピンインでつづられた音節を正確に発音することができるかどうか。（2点×5）

⑹ 寒假 hánjià（冬休み）

❶ **hánjià**　② hánjiǎ　③ kānjià　④ kānjiǎ

⑺ 电车 diànchē（電車）

① tiànchē　② tiànchā　❸ **diànchē**　④ diànchā

⑻ 发音 fāyīn（発音）

① hāyīn　❷ **fāyīn**　③ fāyīng　④ hāyīng

⑼ 睡觉 shuìjiào（寝る，眠る）

① suìqiào　② shuìqiào　③ suìjiào　❹ **shuìjiào**

⑽ 词典 cídiǎn（辞書）

① cítiǎn　② zìtiǎn　❸ **cídiǎn**　④ zìdiǎn

2

解答：⑴❸　⑵❷　⑶❹　⑷❶　⑸❶　⑹❸　⑺❹　⑻❷　⑼❷　⑽❹

空欄補充：空欄に入る語はいずれも文法上のキーワードである。（2点×10）

⑴（ 从 ）你家到学校要多长时间？
Cóng nǐ jiā dào xuéxiào yào duō cháng shíjiān?
あなたの家から学校までどれくらいかかりますか。

① 在 zài　② 对 duì　❸ 从 cóng　④ 离 lí

場所や時間の起点を示す介詞（前置詞）③“从”が正解です。“从…到…”で「…から…まで」とまとめて覚えましょう。①“在”は動作を行う場所を導く介詞，②“对”は「…に対して」と対象を導く介詞，④“离”は時間的・空間的な隔たりの起点を示す介詞です。

⑵ 桌子上放（ 着 ）一台电脑。
Zhuōzi shang fàngzhe yì tái diànnǎo.
机の上にパソコンが1台置いてあります。

① 地 de　❷ 着 zhe　③ 得 de　④ 在 zài

「場所＋動詞＋モノ」という語順の存現文で，“放”（置く）という動作の結果が持続していることを表しているので，②の助詞“着”が正解です。①“地”は連用修飾語を作る助詞，③“得”は様態補語を導く助詞，④“在”は場所を導く介詞です。

(3) 这（ 件 ）毛衣真漂亮。　　このセーターは本当にきれいだ。
Zhè jiàn máoyī zhēn piàoliang.

① 张 zhāng　② 枚 méi　③ 条 tiáo　❹ 件 jiàn

量詞の問題です。上半身に着る衣服を数える量詞である④“件”が正解です。①“张”は紙など平らな面を持つものを，②“枚”はメダルなどを，③“条”は縄・ネクタイ・川など細長いものを数えます。

(4) 老李昨天（ 又 ）来了。　　李さんはきのうまた来ました。
Lǎo Lǐ zuótiān yòu lái le.

❶ 又 yòu　② 再 zài　③ 没 méi　④ 才 cái

すでに実現済みの動作の繰り返しに対して用いる①“又”（また）が正解です。②“再”は“又”と異なり未来の時点における動作の繰り返しを表すので，不適当です。文末に“了”があるため③“没”は不適当です。④“才”は時間的に遅いことを表す「やっと」という意味の副詞で，普通は文末に語気助詞の“了”を伴うことはありません。

(5) 他们是坐地铁去（ 的 ）。　　彼らは地下鉄で行ったのです。
Tāmen shì zuò dìtiě qù de.

❶ 的 de　② 了 le　③ 过 guo　④ 着 zhe

適切な助詞を選ぶ問題です。すでに行われた動作について，「いつ」「どこで」「だれが」「どのように」行ったのかを説明するとき，“是…的”の構文を使います。正解は①“的”です。ここでは「地下鉄で」という手段が強調されています。②“了”は完了，③“过”は経験，④“着”は持続を示す助詞です。

(6) 今天的作业我已经做（ 完 ）了。
Jīntiān de zuòyè wǒ yǐjīng zuòwán le.

きょうの宿題をわたしはもうやり終えました。

① 能 néng　② 会 huì　❸ 完 wán　④ 懂 dǒng

適切な補語を選ぶ問題です。①“能”は「(能力や条件が備わっていて）…できる」という意味の助動詞で，補語には使えません。②“会”は「(技能などを習得していて）…できる」という意味の助動詞，あるいは「できる」という意味の動詞です。④“懂”は「理解する」という意味の動詞です。“做”の結果補語になって「やり終える」という意味になる動詞③“完”が正解です。

(7) 她跳舞跳（ 得 ）非常好。
Tā tiàowǔ tiàode fēicháng hǎo.

彼女はダンスがとても上手です。

① 过 guo　② 了 le　③ 着 zhe　❹ 得 de

「…の仕方がどうであるか」を表す様態補語の用法を確認する問題です。動詞が目的語をとるときの一般的な語順は，“得”を用いて「動詞＋目的語＋同じ動詞＋“得”＋形容詞フレーズなど」の形で動作の様子や程度がどのようであるかを表します。④“得”が正解です。①“过”は経験を，②“了”は完了を，③“着”は持続を表す助詞です。

(8)（ 快 ）八点了，我得去上课。
Kuài bā diǎn le, wǒ děi qù shàngkè.

もうすぐ8時だ。わたしは授業に行かなくてはならない。

① 就 jiù　❷ 快 kuài　③ 才 cái　④ 还 hái

文末の“了”と呼応して“快…了”「まもなく…になる」という意味になる②“快”が正解です。①“就”は「すぐに」，③“才”は時間的に遅いことを表す「やっと」，④“还”は「まだ」という意味の副詞です。

(9) 我（ 能 ）问你一个问题吗?
Wǒ néng wèn nǐ yí ge wèntí ma?

1つ質問をしてもいいですか。

① 会 huì　❷ 能 néng　③ 要 yào　④ 得 děi

助動詞の問題です。“能…吗？”（…してもいいですか）は何かを頼む表現ですのでここは②“能”が正解です。①“会”は「(技能などを習得していて) …できる」ことを表し，③“要”は「…しなければならない」もしくは「…するつもりだ」，④“得”は「…しなければならない」という意味です。

⑽ 你喜欢吃中国菜，（ 还是 ）喜欢吃法国菜？
Nǐ xǐhuan chī Zhōngguó cài, háishi xǐhuan chī Fǎguó cài?

あなたは中華料理が好きですか，それともフランス料理が好きですか。

① 可是 kěshì　② 只是 zhǐshì　③ 就是 jiù shì　❹ 还是 háishi

文末に“？”があることから疑問文であることが分かります。選択疑問文を作ることができる接続詞④“还是”（それとも）が正解です。①“可是”は「しかし」という意味の接続詞で，②“只是”は「ただ…だけだ」という意味の副詞，③“就是”は「つまり…である」と強く限定する表現です。

3

解答：(1)❶　(2)❹　(3)❸　(4)❷　(5)❷　(6)❶　(7)❹　(8)❷　(9)❸　⑽❸

1. 日文中訳（語順選択）：文法上のキーワードを含む基本的な文を正確に組み立てることができるかどうかが問われています。

(2点×5)

(1) 父はわたしにお酒を飲ませません。

❶ 爸爸不让我喝酒。Bàba bú ràng wǒ hē jiǔ.
② 爸爸让我不喝酒。
③ 我不让爸爸喝酒。
④ 我让爸爸不喝酒。

「…に…させる」という兼語式の使役文は「命令者＋“让”＋動作主＋動作主にさせる行為」の語順です。否定詞“不”は“让”の前に置きます。

⑵ わたしの財布は盗まれてしまいました。

① 我的钱包偷走被了。

② 我的钱包偷了被走。

③ 我的钱包被偷了走。

❹ **我的钱包被偷走了。** Wǒ de qiánbāo bèi tōuzǒu le.

受け身文です。「A（受動者）はB（動作主）に…される」は「A（受動者）+“被”+B（動作主）+動詞+結果を表す語」という語順で表現しますが，ここでは動作主Bが省略されています。

⑶ わたしは京劇を1度観たことがあります。

① 我看过京剧一次。

② 我京剧一次看过。

❸ **我看过一次京剧。** Wǒ kànguo yí cì jīngjù.

④ 我一次看过京剧。

「動詞+“过”」で「…したことがある」という過去の経験を表しますが，「…を何度…したことがある」と言う場合，動作の回数を表すことばは通常，動詞と目的語の間に割り込み，「動詞+（“过”+）回数+目的語」という語順になります。ただし，人称代名詞が目的語の場合は，“我见过她一次”のように回数の前に目的語が置かれるので注意しましょう。③が正解です。

⑷ 兄はわたしより3つ年上です。

① 哥哥比我三岁大。

❷ **哥哥比我大三岁。** Gēge bǐ wǒ dà sān suì.

③ 哥哥三岁比我大。

④ 哥哥大三岁比我。

「AはBよりどれだけ…だ」は，「A+“比”+B+差を表す語」で表現します。兄とわたしは「3歳」の年齢差があるので，“比我”の後に形容詞“大”を用い，差を表す“三岁”をその後に続けて表します。

⑸ 姉はいま手紙を書いています。

① 姐姐在正写信呢。

❷ 姐姐正在写信呢。Jiějie zhèngzài xiě xìn ne.

③ 姐姐正写信在呢。

④ 姐姐写信正在呢。

「“正在”＋動詞句＋“呢”」で動作がちょうどいま進行中であることを表します。

2. **日文中訳（語順整序）**：与えられた語句を用いて正確に文を組み立てることができるかどうかが問われています。 (2点×5)

⑹ わたしはロシア語を学んだことがありません。

我 ［ ❶ 没有 ］ ③ 学 ② 过 ④ 俄语。

Wǒ méiyou xuéguo Éyǔ.

動態助詞“过”を動詞の後ろに付けて「…したことがある」という過去の経験を表します。否定形は「“没(有)”＋動詞＋“过”」で「…したことがない」となります。

⑺ 彼女はイギリスに留学する予定です。

她 ③ 打算 ［ ❹ 去 ］ ① 英国 ② 留学。

Tā dǎsuan qù Yīngguó liúxué.

“打算”は「…する」内容を表す動詞句を目的語にとり，「…するつもりだ，…する予定だ」という意味を表します。「イギリスに留学する」は動詞句“去英国留学”（イギリスに行って留学する）と動作を実際に行う順に並べます。

⑻ わたしは友だちと一緒に買い物に行きます。

我 ［ ❷ 跟 ］ ④ 朋友 ① 一起 ③ 去 买东西。

Wǒ gēn péngyou yìqǐ qù mǎi dōngxi.

「友達と」という動作の相手を表す介詞句“跟朋友”は動詞（句）の前に置きます。「…と一緒に」は“跟…一起”で表現します。「介詞＋目的語」は動詞句の前に置きます。「買い物に行く」は“去买东西”です。

⑼ 彼らはもう中国に帰って行きました。

他们　② 已经　④ 回　① 中国　［　❸ 去　］　了。

Tāmen yǐjīng huí Zhōngguó qu le.

「中国に帰って行く」は方向補語を用いて“回中国去”と言います。“中国”のような場所を表す目的語は，必ず動詞と方向補語“来”や“去”の間に置きます。副詞“已经”は動詞の前に置きます。

⑽ わたしは日曜日に 3 時間テニスをします。

我　④ 星期天　［　❸ 打　］　② 三个小时　① 网球。

Wǒ xīngqītiān dǎ sān ge xiǎoshí wǎngqiú.

中国語では時間詞は動詞の前に，時間量は動詞の前に置きます。「いつ」“星期天”は動詞“打”の前に，「どれだけ」“三个小时”は動詞の後ろに置きます。

4 長文読解

解答：⑴❸　⑵❷　⑶❶　⑷❹　⑸❸　⑹❸

1. **空欄補充と内容理解：まとまった内容をもつ長文を正確に理解しているかどうかを，キーワードを正しく空欄に補充させることによって問うています。**

我房间里的书架上 ⑴有 很多书。它们都是我的朋友。我最好的朋友是《新华字典》。

有一天我放学回家，看见奶奶手里拿 ⑵着 一本厚厚的书。

“奶奶，您手里拿的是什么书啊？”我好奇地问。

奶奶说：“是《新华字典》。”

我又问：“字典是什么？”

“它是用来查汉字的书，有不认识的字，查查它就能认识了。”奶奶回答说：“现在，我把这本字典送 ⑶给 你了。”

听了奶奶的话，我接过了《新华字典》，高兴地说了声“谢谢”，然后跑进我的房间里，开始读起来。字典里的每一页 ⑷都 有很多我不认识的字。看完了一页，再看下一页。妈妈看我那么好学，笑着说：“哟！我们家要出个小博士了！”

(6)《新华字典》成了我最好的朋友。特别是做语文作业或者写作文的时候，不 (5)能 没有它的帮助。有一次，期末考试写作文，我遇到了一些不会写的字，是《新华字典》帮了我。我要好好谢谢它。

现在，我对《新华字典》的感情越来越深了。有《新华字典》做朋友，我真高兴！

Wǒ fángjiān li de shūjià shang yǒu hěn duō shū. Tāmen dōu shì wǒ de péngyou. Wǒ zuì hǎo de péngyou shì «Xīnhuá Zìdiǎn».

Yǒu yìtiān wǒ fàngxué huí jiā, kànjiàn nǎinai shǒuli ná zhe yì běn hòuhòu de shū.

“Nǎinai, nín shǒuli ná de shì shénme shū a?” Wǒ hàoqí de wèn.

Nǎinai shuō: “Shì «Xīnhuá Zìdiǎn».”

Wǒ yòu wèn: “Zìdiǎn shì shénme?”

“Tā shì yònglai chá Hànzì de shū, yǒu bú rènshi de zì, chácha tā jiù néng rènshi le.” Nǎinai huídá shuō: “Xiànzài, wǒ bǎ zhè běn zìdiǎn sòng gěi nǐ le.”

Tīngle nǎinai de huà, wǒ jiēguòle «Xīnhuá Zìdiǎn», gāoxìng de shuōle shēng“Xièxie”, ránhòu pǎojìn wǒ de fángjiān li, kāishǐ dúqilai. Zìdiǎn li de měi yí yè dōu yǒu hěn duō wǒ bú rènshi de zì. Kànwánle yí yè, zài kàn xià yí yè. Māma kàn wǒ nàme hào xué, xiàozhe shuō: “Yō! Wǒmen jiā yào chū ge xiǎo bóshì le!”

«Xīnhuá Zìdiǎn» chéngle wǒ zuì hǎo de péngyou. Tèbié shì zuò yǔwén zuòyè huòzhě xiě zuòwén de shíhou, bù néng méiyǒu tā de bāngzhù. Yǒu yí cì, qīmò kǎoshì xiě zuòwén, wǒ yùdàole yìxiē bú huì xiě de zì, shì «Xīnhuá Zìdiǎn» bāngle wǒ. Wǒ yào hǎohǎo xièxie tā.

Xiànzài, wǒ duì «Xīnhuá Zìdiǎn» de gǎnqíng yuè lái yuè shēn le. Yǒu «Xīnhuá Zìdiǎn» zuò péngyou, wǒ zhēn gāoxìng!

訳：わたしの部屋の本棚にはたくさんの本があります。それらはみんなわたしの友人です。わたしのいちばんの友人は『新華字典』です。

ある日学校が終わって家に帰ると，わたしは祖母が１冊のとても厚い本を手にしているのを目にしました。

「おばあちゃん，手に持っているのは何の本ですか。」わたしは好奇心にかられて尋ねました。

おばあちゃんは「『新華字典』よ」と言いました。

わたしは「字典ってなあに？」とまた尋ねました。

「漢字を調べるのに使う本よ。分からない字があったら，これで調べるとすぐに分かるわ」とおばあちゃんは答えました。「さあ，この字典をあなたにあげましょう。」

祖母のことばを聞くと，わたしは『新華字典』を受け取り，喜んで「ありがとう」と言って，自分の部屋に駆け込み，読み始めました。字典のどのページにもわたしの知らない字がたくさんありました。1ページを読み終えると，さらに次のページを読んでいきました。母はわたしがそんなにも勉強好きなのを見て，笑ってこう言いました。「あら，我が家から小さな博士さんが生まれそうだわ！」

(6)『新華字典』はわたしの親友になりました。とりわけ国語の宿題をするときや，作文を書くときには，『新華字典』の助けが欠かせません。いちど期末試験で作文を書いた時，いくつかの書けない文字に出会いましたが，『新華字典』がわたしを助けてくれました。わたしは『新華字典』によく感謝したいと思います。

今，『新華字典』への愛着はますます深まっています。『新華字典』という友人がいてくれて，わたしは本当にうれしいです！

(1) 空欄補充 (3点)

① 放 fàng　② 在 zài　❸ 有 yǒu　④ 做 zuò

「…に…がある」という場合，「場所＋“有”＋事物」となるので，③“有”が正解です。①“放”は「置く」，②“在”は「…が…にある」，④“做”は「する」という意味です。

(2) 空欄補充 (3点)

① 过 guo　❷ 着 zhe　③ 得 de　④ 地 de

「…している」という持続の意味を表す助詞②“着”が入ります。①“过”は経験を示す助詞，③“得”は様態補語を導く助詞，④“地”は連用修飾語を作る助詞です。

(3) 空欄補充 (3点)

❶ 给 gěi　② 对 duì　③ 到 dào　④ 在 zài

“送”（贈る）の結果補語として後ろに動作の受け手を導く“给”が正解です。③“到”は到達点を，④“在”は場所を導きます。②“对”は「…に対して」という意味です。

(4) 空欄補充 (3 点)

① 很 hěn　　② 正 zhèng　　③ 也 yě　　❹ 都 dōu

“每一页”（どのページにも）の“每”と呼応して，「みな」の意味の副詞④“都”が入ります。①“很”は「とても」という意味の程度副詞，②“正”は「ちょうど」という意味の副詞，③“也”は「…も」という意味の副詞です。

(5) 空欄補充 (4 点)

① 想 xiǎng　　② 会 huì　　❸ 能 néng　　④ 要 yào

“不”で打ち消して「…できない」という意味になる③“能”が入ります。①“想”は「…したくない」，②“会”は「(技術がなくて) …できない」もしくは，「…するはずがない」④“要”は「…してはならない」という意味になります。

(6) 内容の一致 (4 点)

① 《新华字典》对我的帮助不那么大。
«Xīnhuá Zìdiǎn» duì wǒ de bāngzhù bú nàme dà.
『新華字典』はわたしにとってそれほど役に立たなかった。

② 家里的《新华字典》是我自己买的。
Jiāli de «Xīnhuá Zìdiǎn» shì wǒ zìjǐ mǎi de.
うちの『新華字典』はわたしが自分で買ったものだ。

❸ **我写作文离不开《新华字典》的帮助。**
Wǒ xiě zuòwén líbukāi «Xīnhuá Zìdiǎn» de bāngzhù.
わたしは作文を書くとき『新華字典』を手放せない。

④ 因为有《新华字典》，朋友们都很高兴。
Yīnwei yǒu «Xīnhuá Zìdiǎn», péngyoumen dōu hěn gāoxìng.
『新華字典』があるので，友人たちはみんなとても喜んでいる。

③が 13 行目「『新華字典』はわたしの親友になりました」から始まる段落の内容に合っています。

5 日文中訳（記述式）：

(4 点× 5)

(1) コンビニはどこにありますか。

便利店在哪儿？ Biànlìdiàn zài nǎr?

「…が…にある」という場合,「主語＋“在”＋場所」の語順になります。「どこ」は“哪里”や“什么地方”でもかまいません。

(2) 彼はきょう学校に来ませんでした。

他今天没(有)来学校。 Tā jīntiān méi(you) lái xuéxiào.

「…しなかった（…したという事実はない)」という場合,「“没(有)”＋動詞句」となります。時間詞“今天”（きょう）は文頭または動詞の前に置きます。文末に“了”を置いてはいけません。“没(有)来学校”は“没(有)来上学 shàngxué”としてもかまいません。

(3) わたしは中国に旅行に行きたいです。

我想去中国旅游。 Wǒ xiǎng qù Zhōngguó lǚyóu.

中国語の語順は実際に動作を行う順に並べますので,「…に…しに行く」という場合，まず“去中国”（中国へ行く)，それから“旅游”（観光旅行をする）となります。「…したい」に相当する“想”は述部の前に置きます。“旅游”は“旅行”としてもかまいません。

(4) コーヒーを 1 杯下さい。

请给我一杯咖啡。 Qǐng gěi wǒ yì bēi kāfēi.

「与える，あげる，くれる」という意味の動詞“给”は二重目的語を取ります。目的語は「誰かに」「何かを」の順序で並べます。物の数量を表す“一杯”は“咖啡”の前に置きます。人にものを頼むときに使う“请”は文頭に置きます。

(5) わたしは雑誌を 1 冊買いました。

我买了一本杂志。 Wǒ mǎile yì běn zázhì.

動作の完了を表す文です。数量表現があるので，完了を表す“了”は動詞の直後に置き，文末には置きません。物の数量を表す“一本”は“杂志”の前に置きます。

第99回

(2019年11月)

問　題

解答時間：計100分

配点：リスニング100点，筆記100点

解答と解説

リスニング （⇨解答と解説45頁）

03 **1** (1)～(10)の中国語の問いを聞き，答えとして最も適当なものを，それぞれ①～④の中から１つ選び，その番号を解答欄にマークしなさい。 (50 点)

04 (1)

① ② ③ ④

05 (2)

① ② ③ ④

06 (3)

① ② ③ ④

07 (4)

① ② ③ ④

08 (5)

① ② ③ ④

09 (6)

① ② ③ ④

10 (7)

① ② ③ ④

11 (8)

① ② ③ ④

12 (9)

① ② ③ ④

13 (10)

① ② ③ ④

14 **2** 中国語を聞き，(1)～(10)の問いの答えとして最も適当なものを，それぞれ①～④の中から１つ選び，その番号を解答欄にマークしなさい。 (50点)

15
22
メモ欄

16
23

(1)～(5)の問いは音声のみで，文字の印刷はありません。

17 (1)
24 ① ② ③ ④

18 (2)
25 ① ② ③ ④

19 (3)
26 ① ② ③ ④

20 (4)
27 ① ② ③ ④

21 (5)
28 ① ② ③ ④

29 メモ欄

36

30

37

31 (6) 小王将来想干什么？

38 ① ② ③ ④

32 (7) 小王比哥哥小几岁？

39 ① ② ③ ④

33 (8) 小王常给谁打电话？

40 ① ② ③ ④

34 (9) 大学毕业后小王想去哪儿？

41 ① ② ③ ④

35 (10) 小王的爷爷现在做什么？

42 ① ② ③ ④

筆　記 （⇨解答と解説57頁）

1 1. ⑴～⑸の中国語で声調の組み合わせが<u>他と異なるもの</u>を，それぞれ①～④の中から１つ選び，その番号を解答欄にマークしなさい。（10点）

⑴　① 医院　② 音乐　③ 商店　④ 运动

⑵　① 颜色　② 学校　③ 礼物　④ 杂志

⑶　① 身体　② 词典　③ 苹果　④ 门口

⑷　① 手机　② 旅行　③ 小说　④ 老师

⑸　① 面包　② 电车　③ 问题　④ 健康

2. ⑹～⑽の中国語の正しいピンイン表記を，それぞれ①～④の中から１つ選び，その番号を解答欄にマークしなさい。（10点）

⑹ 钱包　① qiánbāo　② chénbāo　③ qiánpāo　④ chénpāo

⑺ 食堂　① sídáng　② sítáng　③ shídáng　④ shítáng

⑻ 地铁　① jìdiě　② dìtiě　③ dìdiě　④ jìtiě

⑼ 昨天　① zóutiān　② zuótiān　③ zóudiān　④ zuódiān

⑽ 绿色　① lìsè　② lǔsà　③ lǜsè　④ liǔsà

2 ⑴〜⑽の文の空欄を埋めるのに最も適当なものを，それぞれ①〜④の中から１つ選び，その番号を解答欄にマークしなさい。 (20 点)

⑴ 他跑（　　　）很快。

① 过　② 了　③ 得　④ 地

⑵ 我晚上（　　　）妈妈写信。

① 对　② 给　③ 跟　④ 和

⑶ 他有五（　　　）钢笔。

① 本　② 对　③ 支　④ 块

⑷ 外边儿下（　　　）雨呢。

① 得　② 了　③ 的　④ 着

⑸ 请问，这个字（　　　）念?

① 怎么　② 什么　③ 多少　④ 什么样

⑹ 朋友（　　　）我一个生日礼物。

① 有　② 做　③ 买　④ 送

⑺ 你今天好好儿休息（　　　）。

① 吧　② 了　③ 呢　④ 的

⑻ 他们非常努力（　　　）学习。

① 呢　② 得　③ 了　④ 地

⑼ 我喝酒了，今天不（　　　）开车。

① 能　② 会　③ 得　④ 行

⑽ 我还没吃（　　　）早饭。

① 有　② 完　③ 了　④ 呢

3 1. ⑴～⑸の日本語の意味に合う中国語を，それぞれ①～④の中から１つ選び，その番号を解答欄にマークしなさい。 (10点)

⑴ わたしは毎日中国語を2時間勉強します。

① 我每天中文两个小时学习。

② 我每天两个小时学习中文。

③ 我每天学习两个小时中文。

④ 我学习中文两个小时每天。

⑵ わたしはこれまで中国の小説を読んだことがありません。

① 我没以前看过中国小说。

② 我以前没看过中国小说。

③ 我没看过中国小说以前。

④ 我以前看没过中国小说。

⑶ これらはすべて中国語の新聞ではありません。

① 这些都不是中文报纸。

② 这些不是都中文报纸。

③ 这些报纸都不是中文。

④ 这些中文不都是报纸。

⑷ もう少し召し上がってください。

① 请多再吃一点儿。

② 请多吃再一点儿。

③ 请再一点儿多吃。

④ 请再多吃一点儿。

⑸ 東京は大阪ほど暑くありません。

① 东京没有大阪热那么。

② 东京没有热大阪那么。

③ 东京没有那么热大阪。

④ 东京没有大阪那么热。

2. ⑹～⑽の日本語の意味になるように，それぞれ①～④を並べ替えたとき，[　　] 内に入るものはどれか，その番号を解答欄にマークしなさい。 (10点)

⑹ わたしは電車で学校に行きます。

我＿＿＿＿ ＿＿＿＿ [＿＿＿＿] ＿＿＿＿。

① 电车　② 坐　③ 去　④ 学校

⑺ もう1杯どうぞ。

＿＿＿＿ [＿＿＿＿] ＿＿＿＿ ＿＿＿＿。

① 喝　② 吧　③ 一杯　④ 再

⑻ 郵便局の向かいにコンビニが1軒あります。

＿＿＿＿ ＿＿＿＿ ＿＿＿＿ [＿＿＿＿]。

① 对面　② 一家便利店　③ 有　④ 邮局

⑼ わたしたちのクラスに新しい生徒が1人入って来ました。

＿＿＿＿ ＿＿＿＿ [＿＿＿＿] ＿＿＿＿。

① 了　② 我们班　③ 来　④ 一个新同学

⑽ わたしは日曜日に友達の家にごはんを食べに行きます。

我＿＿＿＿ ＿＿＿＿ [＿＿＿＿] ＿＿＿＿。

① 去　② 星期天　③ 朋友家　④ 吃饭

4 次の文章を読み，(1)～(6)の問いの答えとして最も適当なものを，それぞれ①～④の中から１つ選び，その番号を解答欄にマークしなさい。 (20 点)

王先生早上起床后去市场买了一条鱼。回家后对他妻子说：“我 [(1)] 市场买了一条很好的鱼，今天晚上我们吃这条鱼吧。我一会儿去看电影，你 [(1)] 家做晚饭。”他妻子不同意，说：“我也想看电影。咱们一起去吧。”王先生说：“不行。两张电影票 [(2)] 一张电影票贵， [(3)] 我们两个人都去看，要花很多钱，为什么要花那么多钱呢？吃晚饭的时候，我给你讲讲电影的内容，(4)这样你就跟看了电影一样了。你做饭，等我回来一起吃吧。”说完王先生就去看电影了。

等王先生看完电影回到家，看到桌子上没有晚饭，也没有鱼，只有一双筷子，就问妻子说：“晚饭你做了 [(5)] ？鱼呢？”他妻子说：“鱼，我都吃了，我给你讲讲那条鱼的味道吧，这样你就跟吃了鱼一样了。”

(1) 2 か所の空欄(1)を埋めるのに適当な同一の語は，次のどれか。

① 对　② 为　③ 在　④ 向

(2) 空欄(2)を埋めるのに適当なものは，次のどれか。

① 跟　② 比　③ 从　④ 对

(3) 空欄(3)を埋めるのに適当なものは，次のどれか。

① 因为　② 所以　③ 虽然　④ 如果

(4) 下線部(4)の意味として適当なものは，次のどれか。

① あなたはこのようにわたしと一緒に映画を観ました。

② そうすればあなたは映画を観たのと同じことです。

③ あなたはわたしと同じ映画を観ることになりました。

④ あなたが観たのはこれと同じような映画です。

(5) 空欄(5)を埋めるのに適当なものは，次のどれか。

① 没有　　② 不是　　③ 有没有　　④ 是不是

(6) 本文の内容と**一致しないもの**は，次のどれか。

① 王先生想他买的那条鱼一定很好吃。

② 王先生的妻子一个人吃完了一条鱼。

③ 王先生的妻子没跟他一起去看电影。

④ 王先生很喜欢吃鱼，不想让妻子吃。

5 (1)〜(5)の日本語を中国語に訳し，漢字（簡体字）で解答欄に書きなさい。
（漢字は崩したり略したりせずに書き，文中・文末には句読点や疑問符をつけること。）

(20 点)

(1) 中国語は発音が難しい。

(2) わたしはテニスをするのが好きです。

(3) 兄はテレビを見ているところです。

(4) 父は今家にいません。

(5) 林先生はわたしたちに英語を教えてくださいます。

リスニング

1

解答：(1)❸　(2)❹　(3)❷　(4)❶　(5)❹　(6)❷　(7)❸　(8)❸　(9)❷　(10)❹

一問一答：日常会話のなかでよく使われる問いの文に対して正確に答えることができるかどうかが問われています。　(5点×10)

04 (1) 問：我想喝咖啡，你呢？
Wǒ xiǎng hē kāfēi, nǐ ne?
わたしはコーヒーを飲みたいのですが，あなたは？

答：① 我不想喝红茶。
Wǒ bù xiǎng hē hóngchá.
わたしは紅茶を飲みたくありません。

② 她喝完咖啡了。
Tā hēwán kāfēi le.
彼女はコーヒーを飲み終わりました。

❸ 我要一杯红茶。
Wǒ yào yì bēi hóngchá.
紅茶を1杯いただきます。

④ 她不想喝咖啡。
Tā bù xiǎng hē kāfēi.
彼女はコーヒーを飲みたくありません。

質問者自身がコーヒーを飲みたいことを伝えたうえで，“你呢？”と尋ねているので，“我”以外の主語で答えている②④は除外します。「何を飲みたいか」と尋ねられているので，「紅茶を飲みたくない」と答えている①は不適当です。飲みたいものを答えている③が正解です。動詞“要”は「要る，ほしい」という意味です。

05 (2) 問：你会开车吗？
Nǐ huì kāichē ma?
あなたは車の運転ができますか。

答：① 我会说汉语。
Wǒ huì shuō Hànyǔ.
わたしは中国語を話せます。

② 我也开车去。
Wǒ yě kāichē qù.
わたしも車を運転して行きます。

③ 我不会做饭。
Wǒ bú huì zuòfàn.
わたしは料理ができません。

❹ 我不会开车。 　わたしは車の運転ができません。
Wǒ bú huì kāichē.

「車の運転ができるかどうか」を尋ねているので，「練習・訓練をしてできる」という助動詞“会”を使って答えている③④が候補になりますが，③は「料理ができない」と答えており，質問の内容に対応しません。「運転できない」と答えている④が正解です。

06 (3) 問：你什么时候去中国留学? 　あなたはいつ中国へ留学に行くのですか。
Nǐ shénme shíhou qù Zhōngguó liúxué?

答：① 我很想去中国旅游。 　わたしはとても中国へ旅行に行きたい。
Wǒ hěn xiǎng qù Zhōngguó lǚyóu.

❷ 我明年去中国留学。 　わたしは来年中国へ留学に行きます。
Wǒ míngnián qù Zhōngguó liúxué.

③ 她明年去美国留学。 　彼女は来年アメリカへ留学に行きます。
Tā míngnián qù Měiguó liúxué.

④ 她很想吃北京烤鸭。 　彼女はとても北京ダックを食べたがっています。
Tā hěn xiǎng chī Běijīng kǎoyā.

“你”への問いかけですから，“我”を主語に答えている①②が候補になります。“什么时候去”（いつ行くか）と尋ねられているので，“明年去”（来年行く）と答えている②が正解です。

07 (4) 問：那本书你已经看完了吗? 　あの本をあなたはもう読み終わりましたか。
Nà běn shū nǐ yǐjīng kànwán le ma?

答：❶ 我还没看完呢。 　わたしはまだ読み終わっていません。
Wǒ hái méi kànwán ne.

② 我还没听完呢。 　わたしはまだ聴き終わっていません。
Wǒ hái méi tīngwán ne.

③ 她没买那本书。 　彼女はあの本を買っていません。
Tā méi mǎi nà běn shū.

④ 她已经听完了。 　彼女はすでに聴き終えました。
Tā yǐjīng tīngwán le.

“你”への問いかけですから，“我”を主語に答えている①②が候補になります。“看完了吗”（読み終わったか）と尋ねられているので“还没看完呢”（まだ読み終わっていない）と答えている①が正解です。

08 (5) 問：她英语说得怎么样？
Tā Yīngyǔ shuōde zěnmeyàng?
彼女の英語の話し方はどうですか。

答：① 我英语说得不太好。
Wǒ Yīngyǔ shuōde bú tài hǎo.
わたしは英語を話すのがあまり上手ではありません。

② 我也没学过汉语。
Wǒ yě méi xuéguo Hànyǔ.
わたしも中国語を勉強したことがありません。

③ 她的汉语不太好。
Tā de Hànyǔ bú tài hǎo.
彼女の中国語はあまり上手ではありません。

❹ 她英语说得很好。
Tā Yīngyǔ shuōde hěn hǎo.
彼女は英語を話すのが上手です。

“怎么样”は性質・方法・状態などがどうであるかを尋ねる疑問詞で，彼女の英語の話し方ついての意見を求められているわけですから，④が正解です。

09 (6) 問：这儿可以照相吗？
Zhèr kěyǐ zhàoxiàng ma?
ここは写真を撮ってもかまいませんか。

答：① 好啊，明天见！
Hǎo a, míngtiān jiàn!
いいですよ，またあした。

❷ 可以，没问题。
Kěyǐ, méi wèntí.
かまいません，大丈夫です。

③ 那么，我走了。
Nàme, wǒ zǒu le.
それではわたしは失礼します。

④ 谢谢，看完了。
Xièxie, kànwán le.
ありがとう，読み終わりました。

“可以…吗”という許可を求める文なので，よければ“可以”，よくなければ“不行”です。②が正解です。

10 (7) 問：你吃饺子，还是吃面条儿？
Nǐ chī jiǎozi, háishi chī miàntiáor?
あなたはギョーザを食べますか，麺を食べますか。

答：① 她吃饺子了。
Tā chī jiǎozi le.
彼女はギョーザを食べました。

② 我没吃面条儿。
Wǒ méi chī miàntiáor.
わたしは麺を食べていません。

❸ 我想吃饺子。
Wǒ xiǎng chī jiǎozi.
わたしはギョーザを食べたいです。

④ 她不吃炒饭。
Tā bù chī chǎofàn.
彼女はチャーハンを食べません。

“还是”（それとも）を使った基本的な選択疑問文です。“饺子”（ギョーザ）を食べるか“面条儿”（麺）を食べるかを選択する疑問文であることをしっかり聞き取りましょう。“你”への問いかけですから，“我”を主語に答えている②③が候補になりますが，「ギョーザを食べたい」と答えている③が正解です。

11 (8) 問：你能游多少米？
Nǐ néng yóu duōshao mǐ?
あなたは何メートル泳げますか。

答：① 他不会游泳。
Tā bú huì yóuyǒng.
彼は泳げません。

② 我想去游泳。
Wǒ xiǎng qù yóuyǒng.
わたしは泳ぎに行きたいです。

❸ 我能游五百米。
Wǒ néng yóu wǔbǎi mǐ.
わたしは500メートル泳げます。

④ 她不喜欢游泳。
Tā bù xǐhuan yóuyǒng.
彼女は泳ぐのが好きではありません。

“你”への問いかけですから，“我”を主語に答えている②③が候補になります。“多少米”（何メートル）と泳げる距離を尋ねているので，「500メートル泳げる」と答えている③が正解です。問いの文の“能”は泳ぐことができることを前提に，さらに「どのくらい」と聞くのに使われています。

12 (9) 問：你喜欢看什么电影?
Nǐ xǐhuan kàn shénme diànyǐng?
あなたはどんな映画を観るのが好きですか。

答：① 我喜欢吃中国菜。
Wǒ xǐhuan chī Zhōngguó cài.
わたしは中国料理を食べるのが好きです。

❷ 我喜欢看日本电影。
Wǒ xǐhuan kàn Rìběn diànyǐng.
わたしは日本映画を観るのが好きです。

③ 我喜欢打乒乓球。
Wǒ xǐhuan dǎ pīngpāngqiú.
わたしは卓球をするのが好きです。

④ 我喜欢去外国旅游。
Wǒ xǐhuan qù wàiguó lǚyóu.
わたしは外国旅行が好きです。

“什么电影”（どんな映画）と映画の種類を聞いているので，日本映画と答えている②が正解です。“喜欢”という動詞は，後に動詞句を続けて「…するのが好きだ」という文を作ります。

13 (10) 問：从你家到车站要走几分钟?
Cóng nǐ jiā dào chēzhàn yào zǒu jǐ fēn zhōng?
あなたの家から駅まで歩いて何分かかりますか。

答：① 她每天坐车去。
Tā měi tiān zuò chē qù.
彼女は毎日バスで行きます。

② 现在五点一刻。
Xiànzài wǔ diǎn yí kè.
今は 5 時 15 分です。

③ 学校离车站很远。
Xuéxiào lí chēzhàn hěn yuǎn.
学校は駅から遠い。

❹ 要走十分钟左右。
Yào zǒu shí fēn zhōng zuǒyòu.
歩いて 10 分ぐらいかかります。

“要走几分钟”（歩いて何分かかるか）と尋ねているので，所要時間を答えている④が正解です。“你”への問いかけですから，主語は“我”ですが，省略されています。

2 長文聴解

解答：(1)❷　(2)❶　(3)❸　(4)❹　(5)❷　(6)❷　(7)❹　(8)❹　(9)❸　(10)❸

会話文の聞き取り：田中さんが冬休みに北京・上海旅行をする計画を北京に里帰りする友人と会話しています。まとまった分量の会話についていけるかどうかが問われています。　(5点×10)

15	A：	(1)田中，你去中国留学，还是去中国旅游？	Tiánzhōng, nǐ qù Zhōngguó liúxué, háishi qù Zhōngguó lǚyóu?
	B：	(1)我去旅游。我还没去过中国呢。	Wǒ qù lǚyóu. Wǒ hái méi qùguo Zhōngguó ne.
	A：	你是和家里人一起去吗？	Nǐ shì hé jiālirén yìqǐ qù ma?
	B：	他们不去，(3)我自己去。	Tāmen bú qù, wǒ zìjǐ qù.
	A：	是吗，你打算去中国的什么地方？	Shì ma, nǐ dǎsuan qù Zhōngguó de shénme dìfang?
	B：	(5)我想去北京、上海。	Wǒ xiǎng qù Běijīng、Shànghǎi.
	A：	你打算去几天？	Nǐ dǎsuan qù jǐ tiān?
	B：	一个星期吧。(1)(2)我想一放寒假就去。	Yí ge xīngqī ba. Wǒ xiǎng yí fàng hánjià jiù qù.
16	A：	寒假我也回北京，你跟我一起去吧。	Hánjià wǒ yě huí Běijīng, nǐ gēn wǒ yìqǐ qù ba.
	B：	太好了！我正想找个朋友一起去呢。	Tài hǎo le! Wǒ zhèng xiǎng zhǎo ge péngyou yìqǐ qù ne.
	A：	(4)去北京的话，你可以在我家住。	Qù Běijīng dehuà, nǐ kěyǐ zài wǒ jiā zhù.
	B：	真的吗？太谢谢你了！	Zhēn de ma? Tài xièxie nǐ le!
	A：	不客气！经常有朋友来我家住。	Bú kèqi! Jīngcháng yǒu péngyou lái wǒ jiā zhù.
	B：	(4)那就麻烦你了。	Nà jiù máfan nǐ le.
	A：	一个星期太短了，上海下次再去吧。	Yí ge xīngqī tài duǎn le, Shànghǎi xià cì zài qù ba.

B：好吧。我明年暑假再去上海。 Hǎo ba. Wǒ míngnián shǔjià zài qù Shànghǎi. 25

訳：

A：(1)田中さん，あなたは中国へ留学に行くのですか，それとも旅行に行くのですか。

B：(1)旅行に行くのです。わたしはまだ中国へ行ったことがありません。

A：家族と一緒に行くのですか。

B：家族は行きません，(3)ひとりで行きます。

A：そうですか，中国のどこに行くつもりですか。

B：(5)北京，上海に行きたいと思っています。

A：何日間行くつもりですか。

B：1週間かな。(1)(2)冬休みになったらすぐに行こうと思っています。

A：冬休みにわたしも北京に帰ります，わたしと一緒に行きましょう。

B：それはいいですね。ちょうど一緒に行く友達がいたらなあと探していたところなのです。

A：(4)北京に行くなら，わたしの家に泊まるといいですよ。

B：本当ですか。本当にありがとう。

A：遠慮しないで。わたしの家にはしょっちゅう友達が泊まりに来るから。

B：(4)ではお世話になります。

A：1週間は短すぎますね，上海は次の機会にしたら。

B：そうですね，上海は来年の夏休みに行きましょう。

17 (1) 問：田中放假后打算做什么？ Tiánzhōng fàngjià hòu dǎsuan zuò shénme? —— 田中さんは休みになったら何をするつもりですか。

答：① 田中想去中国留学。 Tiánzhōng xiǎng qù Zhōngguó liúxué. —— 田中さんは中国に留学したいと思っています。

❷ 田中想去中国旅游。 Tiánzhōng xiǎng qù Zhōngguó lǚyóu. —— 田中さんは中国に旅行に行きたいと思っています。

③ 田中想去上海找朋友。 Tiánzhōng xiǎng qù Shànghǎi zhǎo péngyou. —— 田中さんは上海に友達に会いに行きたいと思っています。

④ 田中想去北京留学。
Tiánzhōng xiǎng qù Běijīng liúxué.
田中さんは北京に留学に行きたいと思っています。

“田中，你去中国留学，还是去中国旅游？”と休暇中の予定を尋ねられた田中さんが，3行目で“我去旅游”と答えているのを聞き取ります。

18 (2) 問：田中什么时候去中国？
Tiánzhōng shénme shíhou qù Zhōngguó?
田中さんはいつ中国に行きますか。

答：❶ 放寒假以后去。
Fàng hánjià yǐhòu qù.
冬休みになってから行きます。

② 放暑假以后去。
Fàng shǔjià yǐhòu qù.
夏休みになってから行きます。

③ 下个星期一去。
Xià ge xīngqīyī qù.
来週月曜日に行きます。

④ 这个星期四去。
Zhège xīngqīsì qù.
今週木曜日に行きます。

11行目の“我想一放寒假就去”を聞き取ります。

19 (3) 問：田中开始想和谁一起去中国？
Tiánzhōng kāishǐ xiǎng hé shéi yìqǐ qù Zhōngguó?
田中さんは，最初は誰と一緒に中国へ行きたいと思っていましたか。

答：① 田中想和他姐姐一起去。
Tiánzhōng xiǎng hé tā jiějie yìqǐ qù.
田中さんは彼のお姉さんと一緒に行きたいと思っていました。

② 田中想和父母一起去。
Tiánzhōng xiǎng hé fùmǔ yìqǐ qù.
田中さんは両親と一緒に行きたいと思っていました。

❸ 田中想一个人去。
Tiánzhōng xiǎng yí ge rén qù.
田中さんは一人で行きたいと思っていました。

④ 田中想和女朋友一起去。
Tiánzhōng xiǎng hé nǚpéngyou yìqǐ qù.
田中さんはガールフレンドと一緒に行きたいと思っていました。

6行目に“我自己去”とあるところから最初は一人で行くつもりだったことが分かります。

20 (4) 問：田中去中国后住在哪儿？ Tiánzhōng qù Zhōngguó hòu zhùzài nǎr?
田中さんは中国に行ってからどこに泊まりますか。

答：① 住学校的宿舍。 Zhù xuéxiào de sùshè.
学校の宿舎に泊まります。

② 住他父母的家。 Zhù tā fùmǔ de jiā.
彼の両親の家に泊まります。

③ 住自己的家里。 Zhù zìjǐ de jiāli.
自分の家に泊まります。

❹ 住朋友的家里。 Zhù péngyou de jiāli.
友達の家に泊まります。

17行目で北京に里帰りする友人が“去北京的话，你可以在我家住”と自宅に宿泊することを提案してくれたのに対し，田中さんは22行目で“那就麻烦你了”と言ってお世話になることにしています。

21 (5) 問：田中开始想去中国的什么地方？ Tiánzhōng kāishǐ xiǎng qù Zhōngguó de shénme dìfang?
田中さんは最初中国のどこへ行きたいと思っていましたか。

答：① 北京和西安。 Běijīng hé Xī'ān.
北京と西安。

❷ 北京和上海。 Běijīng hé Shànghǎi.
北京と上海。

③ 只去上海。 Zhǐ qù Shànghǎi.
上海だけ。

④ 只去北京。 Zhǐ qù Běijīng.
北京だけ。

9行目の“我想去北京、上海”を聞き取ります。

文章の聞き取り：上海の大学に進学した王さんと故郷の家族，老人大学で学ぶおじいさんとのことが中心に語られます。

29 小王的老家在西安，今年她考上了上海的一个大学。(7)小王有一个哥哥，比她大八岁。小王的哥哥六年前去美国留学了，学的是经济，大学毕业后就在美国的一家公司工作了。小王的专业是日语，(6)(9)她说大学毕业后想回家乡当日语老师。

30 小王上大学后，家里只有爷爷、爸爸、妈妈三个人了。上大学以前小王没有离开过家，所以她非常想家。小王的爸爸是公司职员，妈妈是医生，他们每天工作非常忙，没有很多时间跟小王说话。(8)小王就每天给爷爷打电话。小王的爷爷原来是中学的数学老师，现在已经不工作了。爷爷虽然现在没有工作，但每天也很忙。(10)爷爷在上一个老年大学，每天都去上课。爷爷经常跟小王开玩笑说："我和你一样，也是大学生啊！你是小大学生，我是老大学生。"

Xiǎo Wáng de lǎojiā zài Xī'ān, jīnnián tā kǎoshàngle Shànghǎi de yí ge dàxué. Xiǎo Wáng yǒu yí ge gēge, bǐ tā dà bā suì. Xiǎo Wáng de gēge liù nián qián qù Měiguó liúxué le, xué de shì jīngjì, dàxué bìyè hòu jiù zài Měiguó de yì jiā gōngsī gōngzuò le. Xiǎo Wáng de zhuānyè shì Rìyǔ, tā shuō dàxué bìyè hòu xiǎng huí jiāxiāng dāng Rìyǔ lǎoshī.

Xiǎo Wáng shàng dàxué hòu, jiāli zhǐ yǒu yéye、bàba、māma sān ge rén le. Shàng dàxué yǐqián Xiǎo Wáng méiyou líkāiguo jiā, suǒyǐ tā fēicháng xiǎngjiā. Xiǎo Wáng de bàba shì gōngsī zhíyuán, māma shì yīshēng, tāmen měi tiān gōngzuò fēicháng máng, méiyǒu hěn duō shíjiān gēn Xiǎo Wáng shuōhuà. Xiǎo Wáng jiù měi tiān gěi yéye dǎ diànhuà. Xiǎo Wáng de yéye yuánlái shì zhōngxué de shùxué lǎoshī, xiànzài yǐjīng bù gōngzuò le. Yéye suīrán xiànzài méiyou gōngzuò, dàn měi tiān yě hěn máng. Yéye zài shàng yí ge lǎonián dàxué, měi tiān dōu qù shàngkè. Yéye jīngcháng gēn Xiǎo Wáng kāi wánxiào shuō: "Wǒ hé nǐ yíyàng, yě shì dàxuéshēng a! Nǐ shì xiǎo dàxuéshēng, wǒ shì lǎo dàxuéshēng."

訳：王さんの実家は西安にあり，今年彼女は上海のある大学に合格しました。(7)王さんには8歳年上の兄が1人います。王さんのお兄さんは6年前にアメリカへ留学に行きました。勉強していたのは経済で，大学卒業後はアメリカの会社で働き始めました。王さんの専攻は日本語で，(6)(9)彼女は大学卒業後は故郷で日本語教師になりたいと話しています。

王さんの大学進学後，家は祖父，父，母の3人だけになりました。大学進学前王さんは家を離れたことがなかったので，ひどいホームシックにかかりました。王さんのお父さんは会社員，お母さんは医師で，彼らは毎日仕事がとても忙しく，王さんと話をする十分な時間がありません。(8)王さんはそこで毎日おじいさんに電話をしています。王さんのおじいさんはもともと中学校の数学教師でしたが，今はもう働いていません。おじいさんは今は仕事はしていないものの，毎日忙しくしています。(10)おじいさんは老人大学に入学し，毎日授業に行っているのです。おじいさんはよく王さんに，「わたしもお前さんと同じ大学生だよ，お前さんは小大学生で，わたしは老大学生だ」と冗談を言います。

31 (6) 問：小王将来想干什么？ 王さんは将来何をしたいですか。
Xiǎo Wáng jiānglái xiǎng gàn shénme?

答：① 她想当数学老师。 彼女は数学教師になりたいと思っています。
Tā xiǎng dāng shùxué lǎoshī.

❷ 她想当日语老师。 彼女は日本語教師になりたいと思っています。
Tā xiǎng dāng Rìyǔ lǎoshī.

③ 她想当公司职员。 彼女は会社員になりたいと思っています。
Tā xiǎng dāng gōngsī zhíyuán.

④ 她想当一名医生。 彼女は医師になりたいと思っています。
Tā xiǎng dāng yì míng yīshēng.

3～4行目“她说大学毕业后想回家乡当日语老师”を聞き取ります。

32 (7) 問：小王比哥哥小几岁？ 王さんはお兄さんより何歳年下ですか。
Xiǎo Wáng bǐ gēge xiǎo jǐ suì?

答：① 三岁。Sān suì. 3歳。

② 五岁。Wǔ suì. 5歳。

③ 六岁。Liù suì. 6歳。

❹ 八岁。Bā suì. 8歳。

1～2行目で“小王有一个哥哥，比她大8岁”と言っており，兄が8歳年上であることが分かります。

33 (8) 問：小王常给谁打电话？ 王さんはよく誰に電話をしていますか。
Xiǎo Wáng cháng gěi shéi dǎ diànhuà?

答：① 给哥哥打电话。 Gěi gēge dǎ diànhuà.
兄に電話をしています。

② 给爸爸打电话。 Gěi bàba dǎ diànhuà.
父に電話をしています。

③ 给妈妈打电话。 Gěi māma dǎ diànhuà.
母に電話をしています。

❹ 给爷爷打电话。 Gěi yéye dǎ diànhuà.
祖父に電話をしています。

7行目“小王就每天给爷爷打电话”を聞き取ります。

34 (9) 問：大学毕业后小王想去哪儿？ Dàxué bìyè hòu Xiǎo Wáng xiǎng qù nǎr?
大学卒業後王さんはどこに行きたいと思っていますか。

答：① 想去美国留学。 Xiǎng qù Měiguó liúxué.
アメリカへ留学に行きたいと思っています。

② 想去日本留学。 Xiǎng qù Rìběn liúxué.
日本へ留学に行きたいと思っています。

❸ 想回家乡工作。 Xiǎng huí jiāxiāng gōngzuò.
故郷に戻り働きたいと思っています。

④ 想在上海工作。 Xiǎng zài Shànghǎi gōngzuò.
上海で働きたいと思っています。

3～4行目“她说大学毕业后想回家乡当日语老师”を聞き取ります。

35 (10) 問：小王的爷爷现在做什么？ Xiǎo Wáng de yéye xiànzài zuò shénme?
王さんのおじいさんは今何をしていますか。

答：① 在中学当日语老师。 Zài zhōngxué dāng Rìyǔ lǎoshī.
中学校で日本語教師をしています。

② 在中学当数学老师。 Zài zhōngxué dāng shùxué lǎoshī.
中学校で数学教師をしています。

❸ 在上老年大学。 Zài shàng lǎonián dàxué.
老人大学に通っています。

④ 在大学当老师。 Zài dàxué dāng lǎoshī.
大学で教師をしています。

9行目“爷爷在上一个老年大学，每天都去上课”を聞き取ります。

筆　記

1

解答：(1)❹　(2)❸　(3)❶　(4)❷　(5)❸　(6)❶　(7)❹　(8)❷　(9)❷　(10)❸

1．発音　声調の組み合わせ：2音節の単語の声調パターンが身についているかどうかを問われています。2音節の単語は99頁の「2音節語の声調の組み合わせ」によって，繰り返し練習してパターンを身に付けましょう。　(2点×5)

(1) ① 医院 yīyuàn　(病院)
② 音乐 yīnyuè　(音楽)
③ 商店 shāngdiàn　(商店)
❹ 运动 yùndòng　(運動する)

(2) ① 颜色 yánsè　(色)
② 学校 xuéxiào　(学校)
❸ 礼物 lǐwù　(プレゼント)
④ 杂志 zázhì　(雑誌)

(3) ❶ 身体 shēntǐ　(体)
② 词典 cídiǎn　(辞書)
③ 苹果 píngguǒ　(リンゴ)
④ 门口 ménkǒu　(戸口)

(4) ① 手机 shǒujī　(携帯電話)
❷ 旅行 lǚxíng　(旅行する)
③ 小说 xiǎoshuō　(小説)
④ 老师 lǎoshī　(先生)

(5) ① 面包 miànbāo　(パン)
② 电车 diànchē　(電車)
❸ 问题 wèntí　(問題)
④ 健康 jiànkāng　(健康だ)

2. 発音　声母・韻母のピンイン表記：ピンインでつづられた音節を正確に発音することができるかどうか。　(2 点× 5)

⑹ 钱包（財布）

❶ **qiánbāo**　② chénbāo　③ qiánpāo　④ chénpāo

⑺ 食堂（食堂）

① sídáng　② sítáng　③ shídáng　❹ **shítáng**

⑻ 地铁（地下鉄）

① jìdiě　❷ **dìtiě**　③ dìdiě　④ jìtiě

⑼ 昨天（きのう）

① zóutiān　❷ **zuótiān**　③ zóudiān　④ zuódiān

⑽ 绿色（緑色）

① lìsè　② lǚsà　❸ **lǜsè**　④ liǔsà

2

解答：⑴❸　⑵❷　⑶❸　⑷❹　⑸❶　⑹❹　⑺❶　⑻❹　⑼❶　⑽❷

空欄補充：空欄に入る語はいずれも文法上のキーワードである。　(2 点× 10)

⑴ 他跑（ 得 ）很快。　彼は走るのが速い。

Tā pǎode hěn kuài.

① 过 guo　② 了 le　❸ 得 de　④ 地 de

助詞の問題です。「…するのが…だ」というときには，様態補語を導く“得”を用いて「動詞＋“得”＋形容詞」の形で動作の様子や程度がどのようであるかを表します。③“得”が正解です。①“过”は動詞の直後に置いて経験を，②“了”は完了を，④“地”は連用修飾語を作る助詞です。

⑵ 我晚上（ 给 ）妈妈写信。　わたしは夜に母に手紙を書きます。

Wǒ wǎnshang gěi māma xiě xìn.

① 对 duì　❷ 给 gěi　③ 跟 gēn　④ 和 hé

介詞を選ぶ問題です。“给”は動作の受け手を導く介詞で，“给…写信”で「…に手紙を書く」という意味です。②“给”が正解です。①“对”は動作の対象を，③“跟”と④“和”は動作を共にする相手を導く介詞です。

(3) 他有五（ 支 ）钢笔。　　彼は万年筆を 5 本持っています。
Tā yǒu wǔ zhī gāngbǐ.

① 本 běn　② 对 duì　❸ 支 zhī　④ 块 kuài

量詞を選ぶ問題です。ペンやたばこなど小さく細長い棒状のものは“支”を用いて数えます。①“本”は本や雑誌のような冊子状のものを，②“对”はペアになっているものを，④“块”はかたまり状のものを数えるときに用います。③“支”が正解です。

(4) 外边儿下（ 着 ）雨呢。　　外は雨が降っていますよ。
Wàibianr xiàzhe yǔ ne.

① 得 de　② 了 le　③ 的 de　❹ 着 zhe

助詞の問題です。「動詞＋“着”＋目的語（＋“呢”）」で，「…ている，…である」と状態の継続を表します。④“着”が正解です。①“得”は様態補語を導く助詞，②“了”は完了を表す助詞，③“的”は連体修飾語を作る助詞です。

(5) 请问，这个字（ 怎么 ）念?　　すみませんが，この字はどう読みますか。
Qǐngwèn, zhège zì zěnme niàn?

❶ 怎么 zěnme　② 什么 shénme
③ 多少 duōshao　④ 什么样 shénme yàng

適切な疑問詞を選ぶ問題です。「“怎么”＋動詞」で，「どのように…する」と，動詞の表す動作の仕方を尋ねる表現です。①“怎么”が正解です。②“什么”は「なに」で，名詞の前にあるときは「どんな，なんの」と名詞を修飾します。③“多少”は「いくつの，どのくらい」と数量を尋ねるときに用います。④“什么样”は名詞の前に置いて「どのような」という意味です。

(6) 朋友（ 送 ）我一个生日礼物。　友人がわたしに誕生日プレゼントをくれます。
Péngyou sòng wǒ yí ge shēngrì lǐwù.

① 有 yǒu　② 做 zuò　③ 买 mǎi　❹ 送 sòng

動詞の後に目的語を続けて2つ置き「…に…を」と二重目的語文を作ることができる動詞は，「贈る」という意味の“送”です。④“送”が正解です。①“有”は「ある，いる」，②“做”は「する，作る」，③“买”は「買う」で，いずれも目的語を1つしか持つことができません。

(7) 你今天好好儿休息（ 吧 ）。　きょうはよくお休みください。
Nǐ jīntiān hǎohāor xiūxi ba.

❶ 吧 ba　② 了 le　③ 呢 ne　④ 的 de

文末に置かれる助詞の問題です。“你…吧”で「…してください」という意味になりますから，①“吧”が正解です。②“了”は完了や変化を，③“呢”は動作の進行や持続を表し，④“的”は“是…的”構文で用いられます。

(8) 他们非常努力（ 地 ）学习。　彼らはたいへん努力して勉強します。
Tāmen fēicháng nǔlì de xuéxí.

① 呢 ne　② 得 de　③ 了 le　❹ 地 de

助詞を選ぶ問題です。前に形容詞，後に動詞が続くことから，連用修飾語を作る“地”が入ります。④“地”が正解です。①“呢”は文末に置き進行や持続を表し，②“得”は様態補語を導き，③“了”は完了や変化を表す助詞です。

(9) 我喝酒了，今天不（ 能 ）开车。　わたしはお酒を飲んだので，きょうは車の運転はできません。
Wǒ hē jiǔ le, jīntiān bù néng kāichē.

❶ 能 néng　② 会 huì　③ 得 děi　④ 行 xíng

“喝酒了”（お酒を飲んだ）ということで，車を運転する条件を満たしていないので“不能开车”となります。正解は①“能”です。②“会”は練習や訓練の結果「できる」ことを表す助動詞，③“得”は「どうしても…しなければならない」と必要性を表す助動詞，④“行”は「有能だ，すばらしい」という意味の形容詞，または「かまわない，差し支えない」という意味の動詞です。

⑽ 我还没吃（ 完 ）早饭。 わたしはまだ朝ごはんを食べ終わっていません。
Wǒ hái méi chīwán zǎofàn.

① 有 yǒu　❷ 完 wán　③ 了 le　④ 呢 ne

「食べ終わる」と動作の結果を表す②“完”が正解です。動詞と目的語の間に入る語ですから，①“有”④“呢”は除外できます。副詞“没”と一緒に用いることができるのは結果補語“完”です。③“了”は“没”と一緒に用いることはできません。

3

解答：⑴❸　⑵❷　⑶❶　⑷❹　⑸❹　⑹❸　⑺❶　⑻❷　⑼❶　⑽❸

1．日文中訳（語順選択）：文法上のキーワードを含む基本的な文を正確に組み立てることができるかどうかが問われています。 （2点×5）

⑴ わたしは毎日中国語を2時間勉強します。

① 我每天中文两个小时学习。
② 我每天两个小时学习中文。
❸ **我每天学习两个小时中文。** Wǒ měi tiān xuéxí liǎng ge xiǎoshí Zhōngwén.
④ 我学习中文两个小时每天。

時間詞は動詞の前に，時間量は動詞の後に置きます。したがって③が正解です。

⑵ わたしはこれまで中国の小説を読んだことがありません。

① 我没以前看过中国小说。
❷ **我以前没看过中国小说。** Wǒ yǐqián méi kànguo Zhōngguó xiǎoshuō.
③ 我没看过中国小说以前。
④ 我以前看没过中国小说。

時間詞は動詞の前に置き，動詞の前に副詞があるときは，副詞の前に置きますから，①③は除外されます。“没…过”で「…したことがない」ですから，②が正解です。

⑶ これらはすべて中国語の新聞ではありません。

❶ **这些都不是中文报纸。**Zhèxiē dōu bú shì Zhōngwén bàozhǐ.

② 这些不是都中文报纸。

③ 这些报纸都不是中文。

④ 这些中文不都是报纸。

全否定の言い方を問う問題です。全否定は“都不是”ですから，①③が候補となります。「中国語の新聞」は“中文报纸”ですから，①が正解です。

⑷ もう少し召し上がってください。

① 请多再吃一点儿。

② 请多吃再一点儿。

③ 请再一点儿多吃。

❹ **请再多吃一点儿。**Qǐng zài duō chī yìdiǎnr.

副詞“再”は動詞“吃”よりも前に置きますから，②は除外されます。「もう少し…する」は「動詞＋“一点儿”」の語順ですから，①④が候補になります。「もう少し（たくさん）召し上がる」は“多”が動詞“吃”を修飾し，その後に不定量を表す“一点儿”が付きます。④が正解です。

⑸ 東京は大阪ほど暑くありません。

① 东京没有大阪热那么。

② 东京没有热大阪那么。

③ 东京没有那么热大阪。

❹ **东京没有大阪那么热。**Dōngjīng méiyǒu Dàbǎn nàme rè.

「AはBほど…でない」という比較文の否定形は「A＋“没有”＋B＋“这么／那么”＋形容詞」という語順をとります。④が正解です。

2. 日文中訳（語順整序）：与えられた語句を用いて正確に文を組み立てることができるかどうかが問われています。 (2点×5)

(6) わたしは電車で学校に行きます。

我 ② 坐 ① 电车 ［ ❸ 去 ］ ④ 学校。

Wǒ zuò diànchē qù xuéxiào.

“去”“坐”の2つの動詞がある連動文です。連動文は動作の発生順に動詞を並べますので，“坐电车去学校”という語順になります。

(7) もう1杯どうぞ。

④ 再 ［ ❶ 喝 ］ ③ 一杯 ② 吧。

Zài hē yì bēi ba.

副詞“再”は動詞“喝”の前に置き，数量を表す語は動詞の後に置きます。“吧”は文末に置きます。

(8) 郵便局の向かいにコンビニが1軒あります。

④ 邮局 ① 对面 ③ 有 ［ ❷ 一家便利店 ］。

Yóujú duìmiàn yǒu yì jiā biànlìdiàn.

「…に…がいる / ある」は，「場所＋“有”＋人・モノ」という語順になります。

(9) わたしたちのクラスに新しい生徒が1人入って来ました。

② 我们班 ③ 来 ［ ❶ 了 ］ ④ 一个新同学。

Wǒmen bān láile yí ge xīn tóngxué.

存在や出現を表す存現文の語順は「場所 / 時間＋動詞＋その他の成分＋人 / モノ」です。この文では“我们班”が場所，“来”が動詞，“了”がその他の成分，“一个新同学”が出現した人です。

(10) わたしは日曜日に友達の家にごはんを食べに行きます。

我 ② 星期天 ① 去 ［ ❸ 朋友家 ］ ④ 吃饭。

Wǒ xīngqītiān qù péngyou jiā chī fàn.

“去”“吃饭”の2つの動詞がある連動文です。連動文は動作の発生順に動詞を並べますので，“去朋友家吃饭”となります。時間詞は最初の動詞の前に置きます。

4 長文読解

解答：(1)❸　(2)❷　(3)❹　(4)❷　(5)❶　(6)❹

1．空欄補充と内容理解：まとまった内容をもつ長文を正確に理解しているかどうかを，キーワードを正しく空欄に補充させることによって問うています。

王先生早上起床后去市场买了一条鱼。回家后对他妻子说："我 (1)在 市场买了一条很好的鱼，(6)今天晚上我们吃这条鱼吧。我一会儿去看电影，你 (1)在 家做晚饭。"他妻子不同意，说："我也想看电影。咱们一起去吧。"王先生说："不行。两张电影票 (2)比 一张电影票贵，(3)如果 我们两个人都去看，要花很多钱，为什么要花那么多钱呢？吃晚饭的时候，我给你讲讲电影的内容，(4)这样你就跟看了电影一样了。你做饭，等我回来一起吃吧。"说完王先生就去看电影了。

等王先生看完电影回到家，看到桌子上没有晚饭，也没有鱼，只有一双筷子，就问妻子说："晚饭你做了 (5)没有 ？鱼呢？"他妻子说："鱼，我都吃了，我给你讲讲那条鱼的味道吧，这样你就跟吃了鱼一样了。"

Wáng xiānsheng zǎoshang qǐchuáng hòu qù shìchǎng mǎile yì tiáo yú. Huí jiā hòu duì tā qīzi shuō: "Wǒ zài shìchǎng mǎile yì tiáo hěn hǎo de yú, jīntiān wǎnshang wǒmen chī zhè tiáo yú ba. Wǒ yíhuìr qù kàn diànyǐng, nǐ zài jiā zuò wǎnfàn." Tā qīzi bù tóngyì, shuō: "Wǒ yě xiǎng kàn diànyǐng. Zánmen yìqǐ qù ba." Wáng xiānsheng shuō: "Bùxíng. Liǎng zhāng diànyǐng piào bǐ yì zhāng diànyǐng piào guì, rúguǒ wǒmen liǎng ge rén dōu qù kàn, yào huā hěn duō qián, wèi shénme yào huā nàme duō qián ne? Chī wǎnfàn de shíhou, wǒ gěi nǐ jiǎngjiang diànyǐng de nèiróng, (4)zhèyàng nǐ jiù gēn kànle diànyǐng yíyàng le. Nǐ zuò fàn, děng wǒ huílai yìqǐ chī ba." Shuōwán Wáng xiānsheng jiù qù kàn diànyǐng le.

Děng Wáng xiānsheng kànwán diànyǐng huídào jiā, kàndào zhuōzi shang méiyǒu wǎnfàn, yě méiyǒu yú, zhǐ yǒu yì shuāng kuàizi, jiù wèn qīzi shuō: "Wǎnfàn nǐ zuòle méiyou? Yú ne?" Tā qīzi shuō: "Yú, wǒ dōu chī le, wǒ gěi nǐ jiǎngjiang nà tiáo yú de wèidao ba, zhèyàng nǐ jiù gēn chīle yú yíyàng le."

訳：王さんは朝起きてから市場に行って魚を１匹買いました。家に帰って奥さんに，「市場で良い魚を１匹買ってきたから，今晩，この魚を食べよう。わたしはもう少ししたら映画を観に行くから，家で晩ごはんを作っておくように」と言いました。奥さんは同意せず，「わたしも映画を観たいわ。わたしたち一緒に行きましょうよ」と言いました。王さんは，「だめだ。2枚の映画のチケットは1枚の映画のチケットより高い。もしふたりとも観に行ったら，お金をたくさん使わなくてはならない。なんだってそんな大金を使う必要があるのかね。晩ごはんを食べる時，わたしが映画の内容を話して聞かせてやる。そうすれば映画を観たのと同じことになる。あなたはごはんを作って，わたしが帰ったら一緒に食べよう」と言い終わると，さっさと映画を観に行ってしまいました。

王さんが映画を観終わって家に帰って来ると，テーブルには晩ごはんも魚もなく，一膳のお箸だけしか見当たらないので，奥さんに，「晩ごはんは作ったのか？魚は？」と尋ねました。奥さんは答えました。「魚はわたしが全部食べました。あなたにあの魚の味を話してあげるわ。そうすれば魚を食べたのと同じことになるでしょ。」

(1) 空欄補充 (3点)

① 对 duì　② 为 wèi　❸ 在 zài　④ 向 xiàng

前後の語句からそれぞれ「市場で買った」「家で晩ごはんを作る」という意味だと分かります。動作・行為の場所を導く介詞は“在”ですから，③“在”が正解です。①“对”は動作の対象を，②“为”は目的を，④“向”は方向を導く介詞です。

(2) 空欄補充 (3点)

① 跟 gēn　❷ 比 bǐ　③ 从 cóng　④ 对 duì

前後の語句から，比較文であることが分かります。比較文で用いる介詞は「…よりも」を表す“比”ですから，②“比”が正解です。①“跟”は動作を共にする相手を，③“从”は動作の起点を，④“对”は動作の対象を導く介詞です。

(3) 空欄補充 (3点)

① 因为 yīnwei　② 所以 suǒyǐ　③ 虽然 suīrán　❹ 如果 rúguǒ

2人はまだ映画を観に行っていないことから，ここで述べられていることは仮定だということになります。仮定で用いられる接続詞は「もし…ならば」を表す“如果”ですから，④“如果”が正解です。①“因为”は原因・理由を，②“所以”は結果を，③“虽然”は逆接を表します。

⑷ 下線部解釈 （4点）

① あなたはこのようにわたしと一緒に映画を観ました。

❷ そうすればあなたは映画を観たのと同じことです。

③ あなたはわたしと同じ映画を観ることになりました。

④ あなたが観たのはこれと同じような映画です。

“这样”は前の部分を受けて「そうすれば」，“跟…一样”は「…と同じである」ですから，②が正解です。

⑸ 空欄補充 （3点）

❶ 没有 méiyou　② 不是 bú shì

③ 有没有 yǒu méi yǒu　④ 是不是 shì bu shì

反復疑問文を完成する問題です。肯定形に“做了”と“了”が付いていますから，その否定形は“没有”となることから，①“没有”が正解です。

⑹ 内容不一致 （4点）

① 王先生想他买的那条鱼一定很好吃。

Wáng xiānsheng xiǎng tā mǎi de nà tiáo yú yídìng hěn hǎochī.

王さんは彼が買った魚は絶対においしいと思いました。

② 王先生的妻子一个人吃完了一条鱼。

Wáng xiānsheng de qīzi yí ge rén chīwánle yì tiáo yú.

王さんの奥さんは1人で魚1匹を平らげました。

③ 王先生的妻子没跟他一起去看电影。

Wáng xiānsheng de qīzi méi gēn tā yìqǐ qù kàn diànyǐng.

王さんの奥さんは彼と一緒に映画を観に行きませんでした。

❹ 王先生很喜欢吃鱼，不想让妻子吃。

Wáng xiānsheng hěn xǐhuan chī yú, bù xiǎng ràng qīzi chī.

王さんは魚が好きで，奥さんに食べさせたくありませんでした。

2行目で王さんは奥さんに“今天晚上我们吃这条鱼吧”と言っていることから，王さんは奥さんと一緒に魚を食べるつもりなのが分かります。④が本文の内容と一致しません。

5 日文中訳（記述式） (4点×5)

(1) 中国語は発音が難しい。

汉语发音很难。Hànyǔ fāyīn hěn nán.

> 主述述語文です。形容詞の前には副詞“很”を付けるのが普通です。

(2) わたしはテニスをするのが好きです。

我喜欢打网球。Wǒ xǐhuan dǎ wǎngqiú.

> 動詞“喜欢”は「“喜欢”＋名詞」の形だけではなく，「“喜欢”＋動詞(句)」の形で「…するのが好きだ」という文を作ります。「テニスをする」“打网球”が，「好きである」“喜欢”の目的語となります。“喜欢”の代わりに“爱”を使ってもかまいません。

(3) 兄はテレビを見ているところです。

哥哥正在 / 在看电视呢。Gēge zhèngzài/zài kàn diànshì ne.

> 進行形「…している」は，「主語＋“正在／在”＋動詞＋目的語＋“呢”」で表します。文末にはしばしば語気助詞“呢”が置かれます。進行を表す“正在”“在”“呢”は単独で用いることも，組み合わせて用いることもできます。「テレビを見る」は“看电视”です。「兄」は“我”をつけて“我哥哥”としてもかまいません。“我的哥哥”としても誤りではありませんが，通常は“的”を用いません。

(4) 父は今家にいません。

爸爸现在不在家。Bàba xiànzài bú zài jiā.

> 所在を表す語順は「人・モノ＋“在”＋場所」です。否定形は“不在”です。時間を表す“现在”は動詞(句)の前に置きます。

(5) 林先生はわたしたちに英語を教えてくださいます。

林老师教我们英语。Lín lǎoshī jiāo wǒmen Yīngyǔ.

> 「わたしたちに英語を教える」は“教我们英语”と訳します。“教”は人とモノ・コトという２つの目的語をとる動詞です。語順は動詞に近い方から「人＋モノ・コト」になります。「動詞＋間接目的語（…に）＋直接目的語（…を)」の語順に注意しましょう。

４級
基本語彙集

付・２音節語の声調の組み合わせ
名詞と量詞の組み合わせ

中検４級レベルの基本的な語彙ならびにフレーズ（一部３級レベルのものを含む）1,570余語を収める。数字，月名，“星期天”を除く曜日名，国名・都市名等の固有名詞は収録しない。

・品詞名の後の（～儿）はしばしば“儿”化して発音されることを示す。
・軽声，非軽声の両方に発音される語については，原則として軽声を採用した。
・ピンイン中に // を付した VO 構造の動詞は他の成分が挿入され分離することがあることを示す。
・名詞の訳語の後に《 》で示す語は，その名詞を数えるのによく使われる量詞（助数詞）である。ただし，広く普通名詞に用いられる“个”はいちいち示さない。
・〈口〉は多く口語で使用されることを示す。
・品詞名の略号は次のとおりである。

名 名詞　動 動詞　助動 助動詞　形 形容詞　数 数詞
量 量詞(＝助数詞)　数量 数詞＋量詞
代 代詞(名詞・動詞・形容詞・数量詞・副詞に代わる語)　副 副詞
介 介詞(＝前置詞)　接 接続詞(＝連詞)　助 助詞　感 感動詞
接頭 接頭辞　接尾 接尾辞　□ 連語またはよく使われるフレーズ

A

啊 a 助 感嘆・注意の喚起・軽い疑問などの語気を示す；“哪”(na)，“哇”(wa)，“呀”(ya)などに変音することがある

矮 ǎi 形 (背丈が)低い

爱 ài 動 愛する，好む

爱好 àihào 動 好む，愛好する
名 好み，趣味

爱人 àiren 名 夫，妻；配偶者

安静 ānjìng 形 静かだ

安排 ānpái 動 配置する，手配する

安全 ānquán 形 安全だ

B

把 bǎ 量 柄や握る箇所のある物を数える
介 …を；目的語を前置する

爸爸 bàba 名 父，お父さん；“爸”(bà)とも

吧 ba 助 勧誘・推測などの語気を示す

白 bái 形 白い⇔“黑”(hēi)

白菜 báicài 名 白菜

白天 báitiān 名 日中，昼間

百 bǎi 数 百，百の位

百货大楼 bǎihuò dàlóu □ デパート，百貨店

摆 bǎi 動 並べる，陳列する

班 bān 名 ①グループ，班 ②クラス，学級

班长 bānzhǎng 名 ①グループの長，班長 ②学級委員

搬 bān 動 ①運ぶ，移す ②引っ越す

搬家 bān//jiā 動 引っ越しをする

办 bàn 動 行う，処理する〈～手续 shǒuxù〉手続きをする

办法 bànfǎ 名 やり方，方法

半 bàn 数 半分，2分の1；時間の30分

半天 bàntiān 数量 ①(～儿)半日 ②かなり長い時間

帮 bāng 動 手伝う

帮忙 bāng//máng 動 手伝う，助ける

帮助 bāngzhù 動 助ける，援助する

棒球 bàngqiú 名 野球

包 bāo 動 包む
名 (～儿)①包み，包んだ物 ②バッグ，かばん

包子 bāozi 名 パオズ；中華まんじゅう

饱 bǎo 形 満腹している

报 bào 名 新聞；“报纸”(bàozhǐ)とも《张、份》

报告 bàogào 動 報告する
名 報告，レポート

报纸 bàozhǐ 名 ①新聞，＝“报”(bào) ②新聞紙

抱 bào 動 抱く，抱きかかえる

杯 bēi 量 コップ・グラスに入った物を数える

杯子 bēizi 名 コップ，グラス《只》

背 bēi 動 背負う

北边 běibian 名 (～儿)北側，北の方；“北方”(běifāng)とも

背 bèi 名 背中
動 ①背を向ける ②背く ③暗唱する

倍 bèi 量 倍

被 bèi 介 …に…される；受け身を表す

本 běn 量 (～儿)本や雑誌を数える

本子 běnzi 名 ノート

鼻子 bízi 名 鼻

比 bǐ 動 比べる
介 …よりも;比較を示す

比较 bǐjiào 動 比較する
副 割合に, 比較的

比赛 bǐsài 動 競争する, 試合をする
名 競争, 試合, コンクール

笔 bǐ 名 ペン, 筆;筆記用具

毕业 bì//yè 動 卒業する

变 biàn 動 変わる, 変える

变化 biànhuà 動 変化する
名 変化

便利店 biànlìdiàn 名 コンビニ《家》

遍 biàn 量 (ひとわたりの)動作の回数を数える

表 biǎo 名 時計;腕時計や懐中時計の類《只、块》

表演 biǎoyǎn 動 演じる

表扬 biǎoyáng 動 表彰する, ほめる

别 bié 副 …してはいけない,;“不要”(búyào)とも

别的 bié de □ ほかの(もの)

别人 biéren 名 ほかの人, 他人

冰 bīng 名 氷

冰箱 bīngxiāng 名 冷蔵庫

病 bìng 動 病む, 病気になる
名 病, 病気

病人 bìngrén 名 病人, 患者

伯伯 bóbo 名 〈口〉①おじさん;父の兄, =“伯父”(bófù) ②(広く)おじさん

脖子 bózi 名 首

不 bù 副 ①(動詞や形容詞の前に用いて)…しない, …でない ②(応答に用いて)いいえ

不错 búcuò 形 よい, 悪くない

不对 búduì 形 正しくない, 誤っている

不过 búguò 接 だが, しかし

不好意思 bù hǎoyìsi □ 申し訳ない, きまりが悪い

不太 bú tài □ あまり…でない

不同 bùtóng 形 異なる, 同じでない

不行 bùxíng 形 だめだ, いけない

不要 búyào 副 …してはいけない;“别”(bié)とも

不用 búyòng 副 …するに及ばない

布 bù 名 布

部 bù 量 (一そろいの)書物や映画などを数える

部分 bùfen 名 部分

C

擦 cā 動 こする;ぬぐう, ふく〈～脸 liǎn〉顔をふく〈～黑板 hēibǎn〉黒板を消す

猜 cāi 動 推し量る, 当てる

才 cái 副 やっと, ようやく, …してはじめて

菜 cài 名 料理, おかず

菜单 càidān 名 メニュー

参观 cānguān 動 見学する, 参観する

参加 cānjiā 動 参加する

餐厅 cāntīng 名 レストラン

厕所 cèsuǒ 名 トイレ

茶 chá 名 茶

茶叶 cháyè 名 茶の葉

查 chá 動 調べる〈～词典 cídiǎn〉辞書を引く

差 chà 動 劣る, 足りない, 差がある, あと何分で…だ

差不多 chàbuduō 形 大して違わない, ほぼ同じだ

副 ほとんど

长 cháng 形 長い⇔"短"(duǎn)

长短 chángduǎn 名 長さ

场 cháng 量 風雨・病気・災害などを数える

尝 cháng 動 味わう

常 cháng 副 いつも，よく，しょっちゅう；"常常"(chángcháng)とも

场 chǎng 量 映画・演劇などの上演回数を数える

唱 chàng 動 歌う

唱歌 chàng gē □ 歌を歌う

超市 chāoshì 名 スーパー；"超级市场"(chāojí shìchǎng)の略

朝 cháo 介 …に向かって

炒 chǎo 動 炒める

炒饭 chǎofàn 名 焼き飯，チャーハン

车 chē 名 車；自転車，自動車

车票 chēpiào 名 切符，乗車券《张》

车站 chēzhàn 名 駅，停留所

沉 chén 形 重い

衬衫 chènshān 名 シャツ；ワイシャツ・ブラウスの類《件》

成 chéng 動 …になる，変わる

成绩 chéngjì 名 成績，成果

城市 chéngshì 名 都市

吃 chī 動 食べる

吃饭 chī fàn □ ごはんを食べる

吃药 chī yào □ 薬をのむ

迟到 chídào 動 遅刻する

抽 chōu 動 吸う

抽烟 chōu yān □ たばこを吸う

出 chū 動 出る，出す

出差 chū//chāi 動 出張する

出发 chūfā 動 たつ，出発する

出口 chū//kǒu 動 輸出する

出口 chūkǒu 名 (～儿)出口

出来 chūlai 動 出てくる

出门 chū//mén 動 外出する

出去 chūqu 動 出ていく

出生 chūshēng 動 生まれる

出现 chūxiàn 動 現れる

出院 chū//yuàn 動 退院する⇔"住院"(zhù//yuàn)

出租 chūzū 動 賃貸しする

出租车 chūzūchē 名 タクシー；"出租汽车"(chūzū qìchē)，"的士"(dīshì)とも

初中 chūzhōng 名 中学校；"初级中学"(chūjí zhōngxué)の略

除了 chúle 介 ("以外"と呼応して)…を除いて，…の外に

厨房 chúfáng 名 台所，キッチン

穿 chuān 動 着る，履く〈～衣服 yīfu〉服を着る〈～鞋 xié〉靴を履く

传统 chuántǒng 名 伝統

形 伝統的な

船 chuán 名 船《只、条》

窗户 chuānghu 名 窓

床 chuáng 名 ベッド《张》

吹 chuī 動 吹く，吹きつける

春节 Chūnjié 名 春節；旧正月

春天 chūntiān 名 春

词典 cídiǎn 名 辞書，辞典《本、部》

次 cì 量 動作の回数を数える

聪明 cōngming 形 賢い，聡明だ

从 cóng 介 …から；起点を示す

从此 cóngcǐ 副 これから，それ以来

从…到… cóng…dào… □ …から…まで

从来 cónglái 副 これまで

从…起… cóng…qǐ… □ …から(始まる，始める)

从前 cóngqián 名 以前

粗 cū 形 太い

错 cuò 形 誤っている, 間違っている
名 (～儿)誤り, 間違い

错误 cuòwù 形 誤った, 間違った
名 誤り, 間違い

D

答应 dāying 動 ①答える, 返事をする ②承知する, 承諾する

达到 dádào 動 達成する〈～目的 mùdì〉目的を達成する

打 dǎ 動 ①打つ, 殴る ②(さまざまな動作を)する〈～电话 diànhuà〉電話をかける ③(球技などを)する〈～网球 wǎngqiú〉テニスをする

打车 dǎ//chē 動 タクシーに乗る;〈口〉"打的"(dǎ//dī)とも

打工 dǎ//gōng 動 (臨時の)仕事をする, アルバイトをする

打搅 dǎjiǎo 動 じゃまをする

打开 dǎkāi 動 開ける, 開く

打雷 dǎ//léi 動 雷が鳴る

打扰 dǎrǎo 動 じゃまをする

打扫 dǎsǎo 動 掃除する

打算 dǎsuan 動 …するつもりだ
名 考え, つもり, 予定

打听 dǎting 動 聞く, 尋ねる

打针 dǎ//zhēn 動 注射する

打字 dǎ//zì 動 タイプを打つ, 文字を入力する

大 dà 形 ①(形が)大きい ②(年齢が)上である

大概 dàgài 副 たぶん, おそらく

大家 dàjiā 代 皆, 皆さん

大街 dàjiē 名 大通り《条》

大楼 dàlóu 名 ビル《座》

大门 dàmén 名 正門

大米 dàmǐ 名 米

大人 dàren 名 おとな⇔"小孩儿"(xiǎoháir)

大小 dàxiǎo 名 大きさ

大学 dàxué 名 大学《所》

大学生 dàxuéshēng 名 大学生

大衣 dàyī 名 オーバー, 外套《件》

大约 dàyuē 副 およそ;分量について

待 dāi 名 じっととどまる, 滞在する;"呆"とも書く

大夫 dàifu 名 医者, お医者さん

代表 dàibiǎo 動 代表する
名 代表, 代表者

带 dài 動 身に帯びる, 身につける〈～手表 shǒubiǎo〉腕時計をはめる

戴 dài 動 身につける〈～帽子 màozi〉帽子をかぶる〈～眼镜 yǎnjìng〉めがねをかける

担心 dān//xīn 動 心配する

但是 dànshì 接 しかし, だが

当 dāng 動 …になる;職業につく, 役割を務める

当然 dāngrán 形 もちろんだ, 当然だ
副 もちろん

刀子 dāozi 名 ナイフ《把、口》

导游 dǎoyóu 動 ガイドを務める
名 ガイド

倒 dǎo 動 倒れる

到 dào 動 ①着く, 到着する ②…まで行く, 来る

到处 dàochù 名 至る所, あちこち

到达 dàodá 動 到着する

到底 dàodǐ 副 ①ついに, とうとう ②つまるところは

倒 dào 動 ①逆さまにする ②(器

を傾けて)物をあける

倒茶 dào chá □ お茶をつぐ

道理 dàoli 名 道理

德语 Déyǔ 名 ドイツ語;"德文"(Déwén)とも

地 de 助 連用修飾語を作る

的 de 助 …の;連体修飾語を作る

的话 dehuà 助 ("要是""如果"など仮定を表す接続詞と呼応して)…ならば

得 de 助 補語を導く

得 děi 動 (時間・費用が)かかる,要する

助動 …しなければならない

灯 dēng 名 明かり《盏》

等 děng 動 待つ

凳子 dèngzi 名 (背もたれのない)腰掛け《张》

低 dī 形 低い

底下 dǐxia 名 (…の)下

地道 dìdao 形 本場ものだ,生粋だ

地方 dìfang 名 所,場所

地球 dìqiú 名 地球

地区 dìqū 名 地区,地域

地铁 dìtiě 名 地下鉄

地图 dìtú 名 地図《张、本》

地震 dìzhèn 動 地震が起きる

名 地震

地址 dìzhǐ 名 住所

弟弟 dìdi 名 弟

第 dì- 接頭 (整数の前に用いて)順序を表す

点 diǎn 量 時(じ);時間を数える

点名 diǎn//míng 動 点呼する

点头 diǎn//tóu 動 (~儿)うなずく

点心 diǎnxin 名 点心;おやつふうの軽い食べ物

电车 diànchē 名 電車《辆》

电灯 diàndēng 名 電灯《盏》

电话 diànhuà 名 電話

电脑 diànnǎo 名 コンピューター,パソコン《台》

电视 diànshì 名 ①テレビ ②テレビ受像機,="电视机"(diànshìjī)《台》

电梯 diàntī 名 エレベーター

电影 diànyǐng 名 (~儿)映画《部》

电影院 diànyǐngyuàn 名 映画館《座》

掉 diào 動 落ちる,落とす

顶 dǐng 名 (~儿)頂上,てっぺん

動 頭に頂く,のせる

副 最も,いちばん

订 dìng 動 ①(条約などを)結ぶ ②予約する

定 dìng 動 ①決める,決まる ②注文する

丢 diū 動 無くす,失う

东边 dōngbian 名 (~儿)東側,東の方;"东方"(dōngfāng)とも

东西 dōngxi 名 物,品物

冬天 dōngtiān 名 冬

懂 dǒng 動 わかる,理解する

动 dòng 動 ①動く,動かす ②手を触れる

动身 dòng//shēn 動 出発する,旅立つ

动物 dòngwù 名 動物

动物园 dòngwùyuán 名 動物園

都 dōu 副 みな,すべて

豆腐 dòufu 名 豆腐

读 dú 動 (声を出して)読む

读书 dú//shū 動 本を読む;勉強する

堵车 dǔ//chē 動 車が渋滞する

肚子 dùzi 名 腹,おなか

短 duǎn 形 短い⇔"长"(cháng)

锻炼 duànliàn 動 鍛える,鍛錬する

对	duì	形	合っている, 正しい
		介	…に対して
		量	対を成す物を数える
对不起	duìbuqǐ	動	(顔向けできない⇒) すみません
对方	duìfāng	名	相手
对面	duìmiàn	名	向かい, 向かい側
对于	duìyú	介	…に対して, …に関して, …について
顿	dùn	量	食事の回数を数える
多	duō	形	多い
		数	…余り
		代	どれほど
		副	なんと…だろう;“多么”(duōme)とも
多少	duōshao	代	どのくらい

E

俄语	Éyǔ	名	ロシア語;“俄文”(Éwén)とも
饿	è	形	腹がへっている
儿童	értóng	名	児童
儿子	érzi	名	息子
而且	érqiě	接	そのうえ, さらに
耳朵	ěrduo	名	耳《只、对、双》

F

发	fā	動	(手紙などを)出す, (物を)配る
发表	fābiǎo	動	発表する
发烧	fā//shāo	動	発熱する
发生	fāshēng	動	発生する
发现	fāxiàn	動	発見する, 見つける
发展	fāzhǎn	動	発展する, 発展させる
法律	fǎlǜ	名	法律
法语	Fǎyǔ	名	フランス語;“法文”(Fǎwén)とも
翻	fān	動	①ひっくり返る, ひっくり返す ②訳す, 翻訳する
翻译	fānyì	動	翻訳する, 通訳する
		名	訳者, 通訳者
反对	fǎnduì	動	反対する
饭	fàn	名	ごはん, 食事
饭店	fàndiàn	名	①ホテル ②レストラン
饭馆	fànguǎn	名	(~儿)食堂, レストラン
方便	fāngbiàn	形	便利だ
方法	fāngfǎ	名	方法
方面	fāngmiàn	名	方面, 分野
方向	fāngxiàng	名	方向
房间	fángjiān	名	部屋, ルーム
房子	fángzi	名	家《间、所》
访问	fǎngwèn	動	訪れる, 訪問する
放	fàng	動	置く
放假	fàng//jià	動	休みになる
放心	fàng//xīn	動	安心する
放学	fàng//xué	動	学校がひける
飞	fēi	動	飛ぶ
飞机	fēijī	名	飛行機《架》
非常	fēicháng	副	非常に
分	fēn	動	分ける
		量	①分(ふん);時間を数える ②分(ぶ);通貨の単位, “角”(jiǎo)の10分の1
粉笔	fěnbǐ	名	チョーク《支、根》
丰富	fēngfù	形	豊富だ
风	fēng	名	風
风景	fēngjǐng	名	風景, 景色
封	fēng	動	封をする
		量	封書などを数える
缝	féng	動	縫う
否定	fǒudìng	動	否定する
夫人	fūren	名	夫人
服务	fúwù	動	奉仕する, サービスする
服务员	fúwùyuán	名	(ホテル・レストラ

ンなどの）接客係
幅 fú 量 書画を数える
父母 fùmǔ 名 父母, 両親
父亲 fùqin 名 父, 父親
付钱 fù qián □ 金を払う
附近 fùjìn 名 付近, 近く
复习 fùxí 動 復習する⇔"预习"（yùxí）
复杂 fùzá 形 複雑だ
副 fù 量 組になっている物を数える

G

改 gǎi 動 改める
改革 gǎigé 動 改革する
盖 gài 動 かぶせる, ふたをする
名 （～儿）ふた
干杯 gān//bēi 動 乾杯する
干净 gānjìng 形 きれいだ, 清潔だ
感冒 gǎnmào 名 風邪
動 風邪をひく
感谢 gǎnxiè 動 感謝する
干 gàn 動 する, やる, 行う
刚 gāng 副 …したばかり
刚才 gāngcái 名 先ほど, いましがた
钢笔 gāngbǐ 名 ペン, 万年筆《支》
钢琴 gāngqín 名 ピアノ《架》
高 gāo 形 高い
高兴 gāoxìng 形 うれしい
高中 gāozhōng 名 高校;"高级中学"（gāojí zhōngxué）の略
搞 gǎo 動 する, やる
告诉 gàosu 動 （…に…を）告げる, 教える
哥哥 gēge 名 兄, お兄さん
胳膊 gēbo 名 腕
歌 gē 名 （～儿）歌
歌曲 gēqǔ 名 歌, 歌曲
歌手 gēshǒu 名 歌手
个 gè 量 広く人や物を数える;多く軽声 ge
个子 gèzi 名 背丈
各 gè 代 おのおの, それぞれ
给 gěi 動 （…に…を）与える
介 …に…のために;動作･行為の相手や受益者を導く
根 gēn 量 （～儿）細長い感じの物を数える
跟 gēn 介 …と, …に;動作･行為の相手を示す
接 …と…;並列を表す
跟…一样 gēn…yíyàng □ …と同じである
更 gèng 副 さらに, いっそう
工夫 gōngfu 名 （～儿）①時間 ②暇
工人 gōngrén 名 労働者
工业 gōngyè 名 工業
工资 gōngzī 名 賃金, 給料
工作 gōngzuò 動 働く, 仕事をする
名 仕事
公共汽车 gōnggòng qìchē □ 乗合バス;"公交车"（gōngjiāochē）とも《辆》
公斤 gōngjīn 量 キログラム, ="千克"（qiānkè）
公里 gōnglǐ 量 キロメートル, ="千米"（qiānmǐ）
公路 gōnglù 名 自動車道路《条》
公司 gōngsī 名 会社《家》
公园 gōngyuán 名 公園
狗 gǒu 名 犬《条》
够 gòu 動 足りる, 十分だ
姑娘 gūniang 名 娘, 女の子
骨头 gǔtou 名 骨
故事 gùshi 名 物語

故乡	gùxiāng	名	故郷, ふるさと
瓜	guā	名	うり
刮风	guā fēng	□	風が吹く
挂	guà	動	掛ける, 掛かる
拐	guǎi	動	曲がる
关	guān	動	(門や戸を)閉める, (スイッチを)切る
关门	guān//mén	動	①扉を閉める ②閉店する
关系	guānxi	名	関係
关心	guānxīn	動	関心を持つ, 心を寄せる, 気を配る
关于	guānyú	介	…に関して
观众	guānzhòng	名	観客, 見物人
广播	guǎngbō	動	放送する
		名	放送
广场	guǎngchǎng	名	広場
广告	guǎnggào	名	広告
逛	guàng	動	遊びに行く
逛街	guàng jiē	□	街をぶらつく
贵	guì	形	(値段が)高い
贵姓	guìxìng	名	お名前;姓を聞く
国	guó	名	国
国际	guójì	形	国際的な, 国際間の
国家	guójiā	名	国, 国家
果然	guǒrán	副	果たして, 案の定
过	guò	動	①通り過ぎる ②日を過ごす
过来	guòlai	動	近づいてくる
过年	guò//nián	動	年を越す, 正月を迎える
过去	guòqù	名	過去
过去	guòqu	動	遠ざかっていく
过	guo	助	経験を示す;…したことがある

H

还	hái	副	まだ, なお, さらに
还是	háishi	接	…か, それとも…か;選択疑問文を作る
孩子	háizi	名	子, 子供
海	hǎi	名	①海;"大海"(dàhǎi)とも ②大きな湖
害怕	hài//pà	動	恐れる, 怖がる
韩国语	Hánguóyǔ	名	韓国語
寒假	hánjià	名	冬休み
喊	hǎn	動	叫ぶ, 大声をあげる
汉语	Hànyǔ	名	中国語;漢民族の言語
汉字	Hànzì	名	漢字
行	háng	名	行(ぎょう), 列
		量	行や列を数える
好	hǎo	形	よい
好吃	hǎochī	形	うまい, おいしい
好处	hǎochù	名	長所, よいところ
好好儿	hǎohāor	副	〈口〉しっかりと, ちゃんと;"好好"(hǎohǎo)とも
好喝	hǎohē	形	(飲み物が)うまい, おいしい
好几	hǎojǐ	数	いくつもの
好久	hǎojiǔ	形	(時間が)非常に長い
好看	hǎokàn	形	きれいだ, 美しい
好听	hǎotīng	形	(音や声が)美しい
好像	hǎoxiàng	動	まるで…のようだ
		副	…のようだ
号	hào	量	(～儿)①番号 ②日;何月何日の「日」
好	hào	動	好む
喝	hē	動	飲む〈～茶 chá〉茶を飲む〈～酒 jiǔ〉酒を飲む
合适	héshì	形	ちょうどよい, ぴったりだ
合作	hézuò	動	合作する, 協力して仕事をする
和	hé	介	…と, …に;動作・行為の相手を示す

接 …と…；並列を表す

和…一样 hé… yíyàng □ …と同じである

河 hé 名 川, 河《条》

盒 hé 名 (~儿)(蓋つきの)小箱；“盒子”(hézi)とも

黑 hēi 形 ①黒い⇔“白”(bái) ②暗い

黑板 hēibǎn 名 黒板

很 hěn 副 たいへん, とても

红 hóng 形 赤い

红茶 hóngchá 名 紅茶

红色 hóngsè 名 赤色

猴子 hóuzi 名 猿《只》

后边 hòubian 名 (~儿)後ろ, 後ろの方

后来 hòulái 名 その後, のちほど

后面 hòumiàn 名 (~儿)後ろ, 後ろの方

后年 hòunián 名 さらい年

后天 hòutiān 名 あさって, 明後日

湖 hú 名 湖, 湖水

互相 hùxiāng 副 互いに, 相互に

护士 hùshi 名 看護師

护照 hùzhào 名 パスポート

花 huā 名 (~儿)花
動 (時間や金銭を)費やす

滑冰 huá//bīng 動 スケートをする

滑雪 huá//xuě 動 スキーをする

画 huà 動 描く〈~画儿 huàr〉絵を描く
名 (~儿)絵《张、幅》

画家 huàjiā 名 画家

话 huà 名 ことば, 話, 文句

坏 huài 形 悪い
動 壊す, 壊れる

欢迎 huānyíng 動 歓迎する

还 huán 動 返す

环境 huánjìng 名 環境

换 huàn 動 換える, 交換する〈~车 chē〉乗り換える

换钱 huàn//qián 動 両替する

黄 huáng 形 黄色い

黄瓜 huánggua 名 きゅうり

回 huí 動 帰る, 戻る
量 回数を数える

回答 huídá 動 答える, 返答する

回国 huí guó □ 帰国する, 国に帰る

回家 huí jiā □ 家に帰る, 帰宅する

回来 huílai 動 戻ってくる

回去 huíqu 動 戻っていく

回头 huí//tóu 動 振り返る
副 (huítóu)のちほど

回信 huí//xìn 動 返信する
名 (huíxìn)返信

会 huì 助動 …できる；習得した技術・技能について

活 huó 動 生きる
名 (~儿)仕事

活动 huódòng 動 活動する
名 活動

火 huǒ 名 火

火车 huǒchē 名 汽車《节》

或者 huòzhě 接 または, あるいは

J

机场 jīchǎng 名 空港《座》

机会 jīhui 名 機会, チャンス

机票 jīpiào 名 航空券《张》

机器 jīqi 名 機械《台》

鸡 jī 名 鶏《只》

鸡蛋 jīdàn 名 鶏の卵

基本 jīběn 名 基本, 根本
形 基本的な, 根本的な
副 基本的に, 大体

基础 jīchǔ 名 基礎

极 jí 副 極めて；多く“了”(le)を伴って補語として

急 jí 形 焦る，気をもむ
集合 jíhé 動 集まる，集合する
几 jǐ 数 いくつ；およそ10以下の不定数を示す
挤 jǐ 動 ①しぼる，しぼりだす ②押しあう
　　形 押しあいへしあいする
计划 jìhuà 名 計画
　　動 計画する
记 jì 動 ①覚える ②記す
记者 jìzhě 名 記者
技术 jìshù 名 技術
既…又… jì… yòu… □ …でもあり…でもある
继续 jìxù 動 継続する
寄 jì 動 郵送する〈～信 xìn〉手紙を出す
加 jiā 動 加える
家 jiā 名 家，家庭
　　量 家庭・店舗・会社などを数える
家具 jiājù 名 家具
家庭 jiātíng 名 家庭
家乡 jiāxiāng 名 故郷，郷里
价格 jiàgé 名 価格，値段
价钱 jiàqian 名 値段
架 jià 量 機械などを数える
间 jiān 量 部屋を数える
检查 jiǎnchá 動 検査する
减少 jiǎnshǎo 動 減る，減らす
剪 jiǎn 動 （はさみで）切る
剪子 jiǎnzi 名 はさみ《把》
简单 jiǎndān 形 簡単だ
见 jiàn 動 会う
见面 jiàn//miàn 動 会う，顔を合わす
件 jiàn 量 品物・衣服・事柄などを数える
健康 jiànkāng 形 健康だ

渐渐 jiànjiàn 副 だんだん，次第に
将来 jiānglái 名 将来
讲 jiǎng 動 説く，話す
讲话 jiǎng//huà 動 話す，発言する
讲课 jiǎng//kè 動 授業をする
交 jiāo 動 ①交わる，交際する ②渡す，手渡す
交给 jiāogěi 動 …に渡す，手渡す
交通 jiāotōng 名 交通
教 jiāo 動 教える
教给 jiāogěi 動 …に教える
角 jiǎo 量 角；通貨の単位，"元"(yuán)の10分の1
饺子 jiǎozi 名 ギョーザ
脚 jiǎo 名 足；くるぶしから先
叫 jiào 動 ①呼ぶ，叫ぶ ②…と称する，名を…と言う ③…に…させる；使役を表す
　　介 …に…される；受け身を表す
教师 jiàoshī 名 教師
教室 jiàoshì 名 教室《间》
教育 jiàoyù 名 教育
　　動 教育する
结实 jiēshi 形 丈夫だ
接 jiē 動 （物を）受け取る，（電話などを）受ける，（人を）出迎える
接着 jiēzhe 動 続けて
　　副 引き続き
街 jiē 名 街，通り《条》
节 jié 名 祝日，祭日
　　量 （竹の節，授業のコマ，文章の段落など）物を切れ目で数える
节目 jiémù 名 番組，プログラム
节日 jiérì 名 記念日，祝祭日

结果 jiéguǒ 名 結果
接 あげく，結局

结婚 jié//hūn 動 結婚する

结束 jiéshù 動 終わる，終わらせる，締めくくる

姐姐 jiějie 名 姉，お姉さん

姐妹 jiěmèi 名 姉妹

解决 jiějué 動 解決する

介绍 jièshào 動 紹介する

借 jiè 動 借りる，貸す〈～钱 qián〉金を借りる，金を貸す

斤 jīn 量 斤；重さの単位，1“斤”は500グラム

今年 jīnnián 名 今年，ことし

今天 jīntiān 名 本日，きょう

紧张 jǐnzhāng 形 緊張している，逼迫(ひっぱく)している

进 jìn 動 入る

进口 jìn//kǒu 動 輸入する

进来 jìnlai 動 入ってくる

进去 jìnqu 動 入っていく

进行 jìnxíng 動 進める，進行する

近 jìn 形 近い

禁止 jìnzhǐ 動 禁じる，禁止する

京剧 jīngjù 名 京劇

经常 jīngcháng 副 常に，いつも

经过 jīngguò 動 経る，通過する
名 経過

经济 jīngjì 名 経済
形 経済的だ

经理 jīnglǐ 名 支配人，マネージャー

经验 jīngyàn 名 経験
動 経験する

精彩 jīngcǎi 形 生き生きしている，すばらしい

精神 jīngshén 名 精神

精神 jīngshen 名 元気
形 元気だ，はつらつとしている

警察 jǐngchá 名 ①警察 ②警察官

镜子 jìngzi 名 鏡《面､块》

久 jiǔ 形 久しい

酒 jiǔ 名 酒

旧 jiù 形 古い

就 jiù 副 すぐ，すぐに

橘子 júzi 名 みかん

举 jǔ 動 挙げる

举行 jǔxíng 動 行う，挙行する

句 jù 量 ことばや文を区切って数える

句子 jùzi 名 文，センテンス

决定 juédìng 動 決める，決定する

觉得 juéde 動 (…と)感じる，思う

K

咖啡 kāfēi 名 コーヒー

卡车 kǎchē 名 トラック《辆》

卡拉OK kǎlā OK □ カラオケ

开 kāi 動 開ける，開く，(スイッチを)入れる

开车 kāi//chē 動 車を運転する

开会 kāi//huì 動 会を開く，会に出る

开门 kāi//mén 動 門や戸を開ける

开始 kāishǐ 動 始める，始まる

开水 kāishuǐ 名 湯，熱湯

开玩笑 kāi wánxiào □ 冗談を言う

开心 kāixīn 形 愉快だ，楽しい

开学 kāi//xué 動 学校が始まる

看 kàn 動 見る，読む〈～电视 diànshì〉テレビを見る

看病 kàn//bìng 動 ①診察する，診察を受ける ②病人を見舞う

看懂 kàndǒng 動 (見て，読んで)わかる

看见 kànjiàn 動 見える，目に入る

考虑 kǎolǜ 動 考慮する

考试 kǎo//shì 動 試験をする，試験を受ける
名 (kǎoshì) 試験
烤 kǎo 動 あぶる，焼く
烤鸭 kǎoyā 名 あひるの丸焼き
靠 kào 動 寄りかかる
科学 kēxué 名 科学
形 科学的だ
棵 kē 量 木や草を数える
颗 kē 量 粒状のものを数える
咳嗽 késou 動 せきをする
可 kě 接 だが，しかし
副 確かに，本当に
可爱 kě'ài 形 かわいらしい
可乐 kělè 名 コーラ
可怜 kělián 形 かわいそうだ
可能 kěnéng 形 可能だ，できる
副 …する可能性がある，…かもしれない
可是 kěshì 接 だが，しかし
可以 kěyǐ 助動 …できる，…しても差し支えない
形 〈口〉まあまあだ，悪くない
渴 kě 形 のどが渇いている
克 kè 量 グラム
刻 kè 動 刻む
量 15分
客气 kèqi 形 遠慮する
客人 kèren 名 客
课 kè 名 授業，課目
量 テキストの課を数える
课本 kèběn 名 テキスト《册》
课文 kèwén 名 テキストの本文
肯 kěn 助動 喜んで…する
肯定 kěndìng 動 肯定する
副 確かに，必ず
空 kōng 形 何もない，からっぽだ
空气 kōngqì 名 空気
空调 kōngtiáo 名 エアコン《台》
恐怕 kǒngpà 副 おそらく
空 kòng 名 (～儿) 空いた時間，暇
口 kǒu 量 ①家族の人数を数える ②豚を数える
口袋 kǒudai 名 (～儿) ①袋 ②ポケット
口语 kǒuyǔ 名 口語，話しことば
哭 kū 動 泣く
苦 kǔ 形 苦い
裤子 kùzi 名 ズボン《条》
块 kuài 量 ①塊状の物を数える ②〈口〉通貨の単位；"元"(yuán) に同じ
快 kuài 形 速い
副 ①速く，さっさと ②まもなく(…する，…になる)；"快要"(kuàiyào) とも
快乐 kuàilè 形 楽しい，愉快だ
快要 kuàiyào 副 (文末に"了"を伴って) まもなく…する，…になる；"快"(kuài) とも
筷子 kuàizi 名 箸(はし)《只、双》
宽 kuān 形 (幅や範囲が) 広い⇔"窄"(zhǎi)
困 kùn 形 眠い
困难 kùnnan 形 困難だ
名 困難

L

拉 lā 動 ①引く，引っ張る ②(弦楽器を) 弾く
垃圾 lājī 名 ごみ
辣 là 形 辛い
来 lái 動 ①来る ②(-lai) (補語として用い) 近づくことを表す

来不及 láibují 動 (時間的に)間に合わない

来得及 láidejí 動 (時間的に)間に合う

来往 láiwǎng 動 行き来する

蓝 lán 形 空色の

篮球 lánqiú 名 バスケットボール

劳驾 láo//jià 動 (ご足労をかける⇒)ご苦労さま，すみませんが…していただけませんか

老 lǎo 形 年老いている
接頭 年長者の姓にかぶせて親近感を示す

老板 lǎobǎn 名 商店の主人，会社の経営者など

老虎 lǎohǔ 名 虎《只》

老家 lǎojiā 名 郷里，故郷の家，実家

老婆 lǎopo 名 〈口〉妻，女房

老人 lǎorén 名 老人

老师 lǎoshī 名 (学校の)先生

老鼠 lǎoshǔ 名 ねずみ《只》

姥姥 lǎolao 名 おばあさん；母方の祖母

姥爷 lǎoye 名 おじいさん；母方の祖父

了 le 助 完了や変化を示す

累 lèi 形 疲れている

冷 lěng 形 寒い，冷たい

离 lí 介 …から；どれくらい離れているかをいう

离开 líkāi 動 去る，離れる

厘米 límǐ 量 センチメートル

礼拜天 lǐbàitiān 名 〈口〉日曜日，＝“星期天”(xīngqītiān)

礼物 lǐwù 名 贈り物，プレゼント

里 lǐ 名 ①中，＝“里边”(lǐbian) ②(li)(…の)中

里边 lǐbian 名 (～儿)中，中の方；“里面”(lǐmiàn)とも

理发 lǐ//fà 動 散髪する，理髪する

理想 lǐxiǎng 名 理想
形 理想的だ

力量 lìliang 名 力，力量

力气 lìqi 名 (肉体的な)力

历史 lìshǐ 名 歴史

厉害 lìhai 形 (程度が)激しい，ひどい，すさまじい

立刻 lìkè 副 直ちに，＝“马上”(mǎshàng)

利用 lìyòng 動 利用する

例如 lìrú 動 例えば…など；例を挙げるのに用いる

例子 lìzi 名 例

俩 liǎ 数量 2人，2つ，＝“两个”(liǎng ge)

连…都… lián…dōu… □ …さえも，…すら；“连…也…”(lián…yě…)とも

联系 liánxì 動 連絡する

脸 liǎn 名 顔《张》

脸色 liǎnsè 名 顔色

练习 liànxí 動 練習する
名 練習，練習問題

恋爱 liàn’ài 動 恋愛する

凉 liáng 形 冷たい，冷えている

凉快 liángkuai 形 涼しい

两 liǎng 数 ふたつ，ふたり；個数や人数を数える

亮 liàng 形 明かるい
動 明かるくなる，(夜が)明ける

辆 liàng 量 車両を数える

聊天儿 liáo//tiānr 動 おしゃべりをする，世間話をする

了解 liǎojiě 動 了解する

列车 lièchē 名 列車《次》

邻居 línjū 名 隣人, 隣居
零 líng 数 ①零, ゼロ ②3桁以上の数において中間の空位を示す
零钱 língqián 名 小銭, ばら銭
领带 lǐngdài 名 ネクタイ《条》
留 liú 動 留める, 引き留める
留学 liú//xué 動 留学する
留学生 liúxuéshēng 名 留学生
流 liú 動 流れる
流利 liúlì 形 (ことばが)流暢だ
流行 liúxíng 動 はやる, 流行する
楼 lóu 名 ①2階建以上の建物 ②階, フロア
楼上 lóushàng 名 階上
楼梯 lóutī 名 階段
楼下 lóuxià 名 階下
录像 lù//xiàng 動 録画する
名 (lùxiàng)録画
录音 lù//yīn 動 録音する
名 (lùyīn)録音
路 lù 名 道, 道路《条》
旅行 lǚxíng 動 旅行する
旅游 lǚyóu 動 観光旅行をする
绿 lǜ 形 緑色の
绿茶 lǜchá 名 緑茶
乱 luàn 形 乱れている, 混乱している
萝卜 luóbo 名 大根

M

妈妈 māma 名 母, お母さん;“妈”(mā)とも
麻烦 máfan 形 面倒だ, 煩わしい
動 面倒をかける
马 mǎ 名 馬《匹》
马虎 mǎhu 形 いいかげんだ, そそっかしい
马路 mǎlù 名 大通り《条》
马马虎虎 mǎmahūhū 形 いいかげんだ, そそっかしい;“马虎”(mǎhu)の強調形
马上 mǎshàng 副 すぐに, 直ちに
码头 mǎtóu 名 波止場, 埠頭(ふとう)
骂 mà 動 ののしる, 叱る
吗 ma 助 疑問の語気を表す
嘛 ma 助 感嘆・反問・反語などの語気を表す
买 mǎi 動 買う〈～东西 dōngxi〉買い物をする
买卖 mǎimai 名 売り買い;商売, 取り引き《笔》
卖 mài 動 売る
馒头 mántou 名 マントウ;中華ふう蒸しパン
慢 màn 形 (動作・速度が)遅い
忙 máng 形 忙しい
猫 māo 名 猫《只》
毛 máo 量 〈口〉通貨の単位;“角”(jiǎo)に同じ
毛病 máobing 名 ①(器物の)故障 ②(個人の)悪癖, 欠点
毛巾 máojīn 名 タオル《条》
毛衣 máoyī 名 セーター《件》
帽子 màozi 名 帽子《顶》
没(有) méi(you) 副 動作が発生していないことを示す
没意思 méi yìsi □ 面白くない, つまらない⇔“有意思”(yǒu yìsi)
没有 méiyǒu 動 ない, いない
眉毛 méimao 名 眉毛《道、双》
每 měi 代 それぞれの, すべての
每年 měi nián □ 毎年
每天 měi tiān □ 毎日
每月 měi yuè □ 毎月

美 měi 形 美しい，きれいだ

美丽 měilì 形 美しい

美元 měiyuán 名 米ドル

妹妹 mèimei 名 妹

门 mén 名 門，戸，ドア

门口 ménkǒu 名 (～儿)出入り口，戸口

门前 ménqián 名 門の前

门外 ménwài 名 門の外

们 -men 接尾 複数を表す

迷 mí 動 迷う，夢中になる

米 mǐ 名 米
量 メートル

米饭 mǐfàn 名 米飯，ライス

免费 miǎn//fèi 動 費用を免除する

面 miàn 名 ①小麦粉 ②麺類
量 (鏡・旗など)平たい物を数える

面包 miànbāo 名 パン《片、块》

面前 miànqián 名 …の面前

面条儿 miàntiáor 名 うどん

秒 miǎo 量 秒

灭 miè 動 ①消える，消す ②滅ぶ，滅ぼす

名片 míngpiàn 名 (～儿)名刺《张》

名胜古迹 míngshèng gǔjì □ 名所旧跡

名字 míngzi 名 名，名前，名称

明白 míngbai 形 明らかだ

明年 míngnián 名 来年

明天 míngtiān 名 明日，あす，あした

明信片 míngxìnpiàn 名 はがき《张》

明星 míngxīng 名 (映画・演劇・スポーツなどの)スター

命 mìng 名 生命，命《条》

母亲 mǔqin 名 母，母親

目标 mùbiāo 名 目標

目的 mùdì 名 目的

N

拿 ná 動 手に持つ

哪 nǎ 代 どれ，どの 〈口〉něi

哪个 nǎge 代 どれ，どの 〈口〉něige

哪里 nǎli 代 どこ

哪儿 nǎr 代 〈口〉どこ

哪些 nǎxiē 代 どれだけ，どれだけの

那 nà 代 それ，あれ；その，あの 〈口〉nèi
接 では，それでは

那边 nàbian 代 (～儿)そこ，あそこ

那个 nàge 代 それ，あれ；その，あの 〈口〉nèige

那里 nàli 代 そこ，あそこ

那么 nàme 代 そのように
接 では，それでは

那儿 nàr 代 〈口〉そこ，あそこ

那些 nàxiē 代 それら，あれら；それらの，あれらの

那样 nàyàng 代 (～儿)あのような，そのような；あのように，そのように

奶奶 nǎinai 名 おばあさん；父方の祖母

男 nán 形 男の⇔“女”(nǚ)

男人 nánrén 名 男，男の人

南边 nánbian 名 (～儿)南側，南の方；“南方”(nánfāng)とも

难 nán 形 難しい

难过 nánguò 形 つらい，苦しい，やりきれない

难受 nánshòu 形 苦しい，悲しい，こらえられない

脑袋 nǎodai 名 〈口〉頭，頭部

脑筋 nǎojīn 名 頭の働き，＝“脑子”(nǎozi)

闹钟 nàozhōng 名 目覚まし時計《座》

呢 ne 助 疑問や継続・進行の語気を示す

内容 nèiróng 名 内容

能 néng 助動 (能力・可能性があって)…できる

能干 nénggàn 形 能力がある, 仕事がよくできる

能够 nénggòu 助動 (能力・条件を備えていて)できる

能力 nénglì 名 能力

你 nǐ 代 あなた, きみ;複数形は“你们”(nǐmen)

年 nián 量 年数を数える

年级 niánjí 名 学年

年纪 niánjì 名 年齢

年龄 niánlíng 名 年齢

年轻 niánqīng 形 年が若い

念 niàn 動 (声を出して)読む〈~书 shū〉本を読む

鸟 niǎo 名 鳥《只》

您 nín 代 あなた;“你”(nǐ)の敬称

牛 niú 名 牛《头》

牛奶 niúnǎi 名 牛乳, ミルク

农村 nóngcūn 名 農村

农民 nóngmín 名 農民

努力 nǔlì 動 努力する
形 努力している

女 nǚ 形 女の⇔“男”(nán)

女儿 nǚ'ér 名 娘

女人 nǚrén 名 女, 女の人

女士 nǚshì 名 女性に対する尊称

暖和 nuǎnhuo 形 暖かい

P

爬山 pá shān □ 山に登る

怕 pà 動 恐れる, 心配する

拍照 pāi//zhào 動 写真を撮る =“照相”(zhào//xiàng)

排 pái 動 並ぶ, 並べる

排队 pái//duì 動 列に並ぶ, 列を作る

排球 páiqiú 名 バレーボール

派 pài 動 ①派遣する ②(仕事を)割り振る

盘子 pánzi 名 大皿

盼望 pànwàng 動 待ち望む

旁边 pángbiān 名 (~儿)そば, かたわら

胖 pàng 形 太っている⇔“瘦”(shòu)

跑 pǎo 動 走る

跑步 pǎo//bù 動 駆け足する, ジョギングする

陪 péi 動 お供をする, 相伴する

朋友 péngyou 名 友達, 友人

碰 pèng 動 ぶつかる

碰见 pèngjiàn 動 ばったり出会う, でくわす

批评 pīpíng 動 批判する, 叱る

啤酒 píjiǔ 名 ビール

脾气 píqi 名 気性, 気立て, 癖

匹 pǐ 量 馬を数える

篇 piān 量 文章を数える

便宜 piányi 形 (値段が)安い

片 piàn 量 (~儿)平たく薄い物を数える

票 piào 名 切符, チケット《张》

漂亮 piàoliang 形 きれいだ, 美しい

乒乓球 pīngpāngqiú 名 卓球

平安 píng'ān 形 平安だ, 無事だ

平常 píngcháng 形 普通だ, ありふれている
名 平常, ふだん

苹果 píngguǒ 名 りんご

瓶 píng 名 (~儿)瓶, ボトル
量 瓶によって数える

瓶子 píngzi 名 瓶, ボトル

破 pò 動 破る, 破れる, 壊す, 壊れ

る

形 破れている, 壊れている

葡萄 pútao 名 ぶどう《串》

葡萄酒 pútaojiǔ 名 ぶどう酒

普通 pǔtōng 形 普通だ, どこにでも見られる, ありふれている

普通话 pǔtōnghuà 名 中国語の共通語

Q

妻子 qīzi 名 妻

其实 qíshí 副 実は, 本当は

其他 qítā 代 その他

其中 qízhōng 名 その中

骑 qí 動 (またがって)乗る〈～马 mǎ〉馬に乗る〈～自行车 zìxíngchē〉自転車に乗る

起 qǐ 動 立つ, 起きる

起床 qǐ//chuáng 動 起きる, 起床する

起来 qǐlai 動 立ち上がる, 起き上がる

气温 qìwēn 名 気温

汽车 qìchē 名 自動車《辆》

千 qiān 数 千, 千の位

千克 qiānkè 量 キログラム;"公斤"(gōngjīn)とも

千米 qiānmǐ 量 キロメートル;"公里"(gōnglǐ)とも

铅笔 qiānbǐ 名 鉛筆《支》

签证 qiānzhèng 名 ビザ, 査証

前边 qiánbian 名 (～儿)前, 前の方

前后 qiánhòu 名 前後

前进 qiánjìn 動 前進する

前面 qiánmiàn 名 (～儿)前, 前の方

前年 qiánnián 名 おととし, 一昨年

前天 qiántiān 名 おととい, 一昨日

钱 qián 名 お金

钱包 qiánbāo 名 財布

浅 qiǎn 形 浅い

墙 qiáng 名 壁, 塀

敲 qiāo 動 たたく

敲门 qiāo mén □ ドアをノックする

桥 qiáo 名 橋《座》

切 qiē 動 切る

茄子 qiézi 名 なす, なすび

亲爱 qīn'ài 形 愛する, 親愛なる

亲切 qīnqiè 形 親しみ深い, 心がこもっている

青年 qīngnián 名 青年

轻 qīng 形 軽い

轻松 qīngsōng 形 軽やかだ, 気楽だ

清楚 qīngchu 形 はっきりしている

情况 qíngkuàng 名 状況

情人 qíngrén 名 恋人

晴 qíng 形 晴れている

请 qǐng 動 ①請う ②どうぞ…してください

请假 qǐng//jià 動 休暇をとる

请教 qǐngjiào 動 教えを請う, 教えてもらう

请客 qǐng//kè 動 客を招く

请问 qǐngwèn 動 尋ねる, お伺いする

穷 qióng 形 貧しい, 貧乏だ

秋天 qiūtiān 名 秋

求 qiú 動 頼む, 求める

球 qiú 名 まり, ボール

取 qǔ 動 取る, 受け取る

取得 qǔdé 動 手に入れる

取消 qǔxiāo 動 取り消す

去 qù 動 ①行く, 出かける ②(-qu)(補語として用い)遠ざかることを表す

去年 qùnián 名 昨年, 去年

全 quán 形 ①完全だ, そろっている ②すべての

全部 quánbù 名 全部, すべて

全体 quántǐ [名] 全体
缺点 quēdiǎn [名] 欠点, 短所
却 què [副] かえって, ところが
确实 quèshí [形] 確かだ, 確実だ
[副] 確かに, 間違いなく
裙子 qúnzi [名] スカート《条》

R

然后 ránhòu [接] それから, その後
让 ràng [動] ①譲る, 勧める ②…に…させる
[介] …に…される
热 rè [形] (気候が)暑い, (飲食物などが)熱い
热烈 rèliè [形] 熱烈だ
热闹 rènao [形] にぎやかだ
热情 rèqíng [形] 心がこもっている, 親切だ
人 rén [名] 人間, 人
人家 rénjia [代] ①人様, 他人 ②私
人口 rénkǒu [名] 人口
人们 rénmen [名] 人々
人民 rénmín [名] 人民
人民币 rénmínbì [名] 中国の法定貨幣
认识 rènshi [動] 知る, 知っている
认为 rènwéi [動] …と考える
认真 rènzhēn [形] まじめだ, 熱心だ
扔 rēng [動] ①投げる ②捨てる
仍然 réngrán [副] 依然として, やはり
日 rì [名] 太陽, ="太阳"(tàiyang)
[量] 日, ="号"(hào)
日程 rìchéng [名] 日程, スケジュール
日记 rìjì [名] 日記
日历 rìlì [名] カレンダー
日语 Rìyǔ [名] 日本語;"日文"(Rìwén)とも
日元 rìyuán [名] 日本円
日子 rìzi [名] 日, 日にち, 暮らし
容易 róngyì [形] 易しい, 容易だ
肉 ròu [名] 肉
如果 rúguǒ [接] もし…ならば
入口 rù//kǒu [動] 輸入する
入口 rùkǒu [名] (~儿)入口
软 ruǎn [形] 軟らかい

S

伞 sǎn [名] 傘《把》
散步 sàn//bù [動] 散歩する
嗓子 sǎngzi [名] ①のど ②声
扫 sǎo [動] 掃く, 掃除する
沙发 shāfā [名] ソファー《只､套》
山 shān [名] 山《座》
商店 shāngdiàn [名] 店, 商店《家》
商量 shāngliang [動] 相談する
上 shàng [動] 上がる, 行く
[名] ①(時間的に)先, 前 ②(shang)(…の)上
上班 shàng//bān [動] (~儿)出勤する⇔"下班"(xià//bān)
上边 shàngbian [名] (~儿)上, 上の方
上车 shàng chē [ ] 車に乗る
上课 shàng//kè [動] 授業をする, 授業を受ける⇔"下课"(xià//kè)
上来 shànglai [動] 上ってくる
上面 shàngmiàn [名] (~儿)上, 上の方
上去 shàngqu [動] 上っていく
上网 shàng//wǎng [動] インターネットに接続する
上午 shàngwǔ [名] 午前
上学 shàng//xué [動] ①学校に行く, 通学する ②学校に上がる
烧 shāo [動] ①焼く, 焼ける ②煮炊きする
稍微 shāowēi [副] 少し, 少々
少 shǎo [形] 少ない
少年 shàonián [名] 少年

少女	shàonǚ	名	少女
舌头	shétou	名	舌《条》
蛇	shé	名	蛇《条》
社会	shèhuì	名	社会
谁	shéi	代	誰
身体	shēntǐ	名	身体；健康状態
深	shēn	形	深い
什么	shénme	代	なに, なんの, どんな
什么的	shénmede	助	…など, …等等
什么地方	shénme dìfang	□	どこ
什么时候	shénme shíhou	□	いつ
什么样	shénme yàng	□	どのような
生	shēng	動	産む, 産まれる
		形	生だ, 熟していない
生病	shēng//bìng	動	病む, 病気になる
生产	shēngchǎn	動	①生産する ②子を産む, 出産する
生词	shēngcí	名	新出単語
生活	shēnghuó	名	暮らし, 生活
生气	shēng//qì	動	怒る, 腹を立てる
生日	shēngrì	名	誕生日
声音	shēngyīn	名	音, 声
省	shěng	動	省く, 節約する〈～钱 qián〉金を節約する
		名	省；行政区画単位
圣诞节	Shèngdàn Jié	□	クリスマス
胜利	shènglì	動	勝つ, 勝利する
失败	shībài	動	失敗する
师傅	shīfu	名	師匠, 親方, 先生；職人など技術をもつ人に対する敬称
诗	shī	名	詩
狮子	shīzi	名	ライオン《头》
十	shí	数	十, 十の位
十分	shífēn	副	十分に
石头	shítou	名	石
时代	shídài	名	時代
时候	shíhou	名	時, 頃
时间	shíjiān	名	時間
时髦	shímáo	形	流行している, モダンだ, ハイカラだ
时期	shíqī	名	時期
实现	shíxiàn	動	実現する
食品	shípǐn	名	食品
食堂	shítáng	名	食堂
使用	shǐyòng	動	使う, 使用する
世纪	shìjì	名	世紀
世界	shìjiè	名	世界, 世の中
市	shì	名	①市(いち) ②市(し)；行政区画単位
市场	shìchǎng	名	市場, マーケット
事	shì	名	(～儿)事, 事柄, 用事
事情	shìqing	名	事, 事柄, 用事
事实	shìshí	名	事実
试	shì	動	試す, 試みる
柿子	shìzi	名	柿
是	shì	動	…だ, …である
收	shōu	動	受け取る, 収める
收入	shōurù	動	受け入れる
收拾	shōushi	動	片づける, 整理する
收音机	shōuyīnjī	名	ラジオ《台、架》
手	shǒu	名	手；手首から先
手表	shǒubiǎo	名	腕時計《块》
手机	shǒujī	名	携帯電話
手巾	shǒujīn	名	タオル《条、块》
手绢	shǒujuàn	名	(～儿)ハンカチ；"手帕"(shǒupà)とも《块》
手套	shǒutào	名	(～儿)手袋《副》
手续	shǒuxù	名	手続き
手纸	shǒuzhǐ	名	トイレットペーパー
首	shǒu	量	詩や歌を数える
首都	shǒudū	名	首都
首先	shǒuxiān	副	まず, 最初に
瘦	shòu	形	痩せている⇔"胖"(pàng)
书	shū	名	本, 書物《本》

书包 shūbāo [名] かばん

书本 shūběn [名] 書物

书店 shūdiàn [名] 本屋, 書店《家》

书架 shūjià [名] 本棚, 書架

叔叔 shūshu [名] 〈口〉①おじさん;父の弟, ="叔父"(shūfù) ②(広く)おじさん

舒服 shūfu [形] 気持ちがよい

输 shū [動] 負ける⇔"赢"(yíng)

蔬菜 shūcài [名] 野菜

熟 shú [形] ①熟している ②煮えている ③よく知っている

熟识 shúshi [形] 親しい, よく知っている

熟悉 shúxi [動] 熟知している

暑假 shǔjià [名] 夏休み

数 shǔ [動] 数える

树 shù [名] 立ち木《棵》

数 shù [名] 数

数学 shùxué [名] 数学

数字 shùzì [名] 数字

刷牙 shuā yá [ ] 歯を磨く

双 shuāng [量] 対を成す物を数える

水 shuǐ [名] 水;湯も含む

水果 shuǐguǒ [名] 果物, フルーツ

水饺 shuǐjiǎo [名] (~儿)水ギョーザ

水平 shuǐpíng [名] レベル, 水準

睡 shuì [動] 寝る, 眠る

睡觉 shuì//jiào [動] 寝る, 眠る〈~午觉 wǔjiào〉昼寝をする

顺便 shùnbiàn [副] ついでに

顺利 shùnlì [形] すらすらと運ぶ

说 shuō [動] 言う, 話す

说话 shuō//huà [動] 話をする

说明 shuōmíng [動] 説明する

[名] 説明

司机 sījī [名] 運転手

死 sǐ [動] 死ぬ

送 sòng [動] ①届ける, 手渡す ②贈る, プレゼントする ③見送る〈~客 kè〉客を送る

宿舍 sùshè [名] 寮, 宿舎, 寄宿舎

酸 suān [形] 酸っぱい

酸奶 suānnǎi [名] ヨーグルト

算 suàn [動] 数える, 計算する

虽然 suīrán [接] ("可是""但是"などと呼応して)…ではあるが

随便 suíbiàn [動] 都合に任せる, 随意にする

[形] こだわらない, とらわれない

岁 suì [量] 歳(さい);年齢を数える

岁数 suìshu [名] (~儿)年齢

孙女 sūnnü [名] (~儿)孫娘;息子の女児

孙子 sūnzi [名] 孫;息子の男児

所 suǒ [量] 家屋や学校・病院などを数える

所以 suǒyǐ [接] …だから, …ゆえに

所有 suǒyǒu [形] すべての, あらゆる

T

他 tā [代] 彼;複数形は"他们"(tāmen)

它 tā [代] それ, あれ;複数形は"它们"(tāmen)

她 tā [代] 彼女;複数形は"她们"(tāmen)

台 tái [量] 機械類を数える

太 tài [副] たいへん, あまりにも(…だ)

太极拳 tàijíquán [名] 太極拳

太太 tàitai [名] 奥様;既婚女性に対する敬称

太阳 tàiyang [名] 太陽

态度 tàidu [名] 態度

谈 tán 動 話す, 語る
谈话 tán//huà 動 語らう, 話し合う
弹 tán 動 (楽器を)弾く〈～钢琴 gāngqín〉ピアノを弾く
汤 tāng 名 スープ
糖 táng 名 ①砂糖 ②あめ
躺 tǎng 動 横たわる, 寝そべる
趟 tàng 量 往復する回数を数える
逃 táo 動 逃げる
桃 táo 名 (～儿)桃
讨论 tǎolùn 動 討論する
套 tào 量 セットになった物を数える
特别 tèbié 形 特別だ
副 特に, 特別に
疼 téng 形 痛い
踢 tī 動 蹴る〈～足球 zúqiú〉サッカーをする
提 tí 動 提げる
提高 tígāo 動 高める, 向上させる
提供 tígōng 動 提供する
体育 tǐyù 名 体育, スポーツ
体育馆 tǐyùguǎn 名 体育館《座》
替 tì 動 …に代わる, …の代わりをする
介 …の代わりに, …のために
天 tiān 名 天, 空
量 日数を数える
天气 tiānqì 名 天気, 天候
甜 tián 形 甘い
填 tián 動 埋める〈～表 biǎo〉表に記入する
挑 tiāo 動 選ぶ
挑选 tiāoxuǎn 動 選ぶ, 選抜する
条 tiáo 量 細長い物を数える
条件 tiáojiàn 名 条件
跳 tiào 動 跳ぶ, 跳ねる
跳舞 tiào//wǔ 動 踊る, ダンスをする
贴 tiē 動 貼る
听 tīng 動 聞く, 聴く
听懂 tīngdǒng 動 (聞いて)わかる
听见 tīngjiàn 動 聞こえる, 耳に入る
听力 tīnglì 名 聴力, 聴く力
听说 tīngshuō 動 …と聞いている
听写 tīngxiě 動 聴いて書き取る
停 tíng 動 止まる, 止める, やむ
停车 tíng//chē 動 停車する, 駐車する
挺 tǐng 副 〈口〉たいへん, とても
通过 tōngguò 介 …を通じて
通知 tōngzhī 動 通知する
名 通知, 通知書
同 tóng 介 …と;“跟”(gēn),“和”(hé)に同じ
同时 tóngshí 接 同時に, そのうえに
同事 tóngshì 名 同僚
同屋 tóngwū 名 ルームメート
同学 tóngxué 名 級友, 学友
同意 tóngyì 動 同意する, 賛成する
同志 tóngzhì 名 同志;…氏, …さん
痛 tòng 形 痛い, ＝“疼”(téng)
痛快 tòngkuai 形 愉快だ, 胸がすく
偷 tōu 動 盗む
头 tóu 名 頭
量 牛を数える
头发 tóufa 名 髪, 髪の毛
头疼 tóuténg 形 頭が痛い;“头痛”(tóutòng)とも
突然 tūrán 形 突然だ
图书 túshū 名 図書
图书馆 túshūguǎn 名 図書館《座》
吐 tǔ 動 吐く
兔子 tùzi 名 うさぎ《只》
推 tuī 動 押す
腿 tuǐ 名 足;くるぶしから上《只、条、双》

退 tuì 動 ①退く ②戻す, 返す

退休 tuì//xiū 動 退職する, 引退する

脱 tuō 動 脱ぐ〈～衣服 yīfu〉服を脱ぐ

W

袜子 wàzi 名 靴下《只､双》

外 wài 名 (…の)外

外边 wàibian 名 (～儿)外, 外側

外国 wàiguó 名 外国

外国人 wàiguórén 名 外国人

外国语 wàiguóyǔ 名 外国語;“外语”(wàiyǔ)とも

外面 wàimiàn 名 (～儿)外, 外側

外文 wàiwén 名 外国語(の文章)

完 wán 動 終わる

完成 wánchéng 動 完成する, 完成させる

完全 wánquán 形 完全だ

副 完全に, まったく

玩儿 wánr 動 遊ぶ

晚 wǎn 形 (時間が)遅い

晚饭 wǎnfàn 名 夕食, 晩ごはん

晚会 wǎnhuì 名 イブニング･パーティー, 夜の集い, …の夕べ

晚上 wǎnshang 名 夕方, 晩, 夜

碗 wǎn 名 わん;茶わん･カップ･湯のみなど

网球 wǎngqiú 名 テニス

往 wǎng 前 …の方へ, …に向かって

忘 wàng 動 忘れる

忘记 wàngjì 動 忘れる

危险 wēixiǎn 形 危険だ

围 wéi 動 囲む

伟大 wěidà 形 偉大だ

尾巴 wěiba 名 尾, しっぽ

为 wèi 介 …のために;原因･目的を表す

为了 wèile 介 …のために, …するために;目的を表す

为什么 wèi shénme □ なぜ, どうして

未来 wèilái 名 未来, 将来

位 wèi 量 人を数える;敬称

味 wèi 名 (～儿)味, におい

味道 wèidao 名 味

喂 wèi 感 呼びかけの声

胃口 wèikǒu 名 食欲

温度 wēndù 名 温度

文化 wénhuà 名 文化

文学 wénxué 名 文学

文艺 wényì 名 文芸;文学と芸術

文章 wénzhāng 名 文章《篇》

文字 wénzì 名 文字

闻 wén 動 においをかぐ

问 wèn 動 問う, 尋ねる〈～问题 wèntí〉質問する

问好 wèn//hǎo 動 ご機嫌を伺う, よろしく言う

问号 wènhào 名 疑問符, クエスチョン･マーク

问题 wèntí 名 問い, 問題, 質問

我 wǒ 代 わたし, わたくし, ぼく;複数形は“我们”(wǒmen)

卧室 wòshì 名 寝室《间》

握手 wò//shǒu 動 握手する

乌龙茶 wūlóngchá 名 ウーロン茶

乌鸦 wūyā 名 からす《只》

屋子 wūzi 名 部屋, ＝“房间”(fángjiān)《间》

午饭 wǔfàn 名 昼食, 昼ごはん

午觉 wǔjiào 名 昼寝, 午睡

误会 wùhuì 動 誤解する

名 誤解

X

西边 xībian [名] (～儿)西側, 西の方;“西方”(xīfāng)とも
西服 xīfú [名] 背広, スーツ《套》
西瓜 xīgua [名] すいか
西红柿 xīhóngshì [名] トマト
吸 xī [動] 吸う, 吸い込む
吸烟 xī yān □ たばこを吸う, 喫煙する
希望 xīwàng [動] 望む, 希望する
[名] 望み, 希望
习惯 xíguàn [動] 慣れる, 習慣になる
[名] 慣れ, 習慣
洗 xǐ [動] 洗う〈～脸 liǎn〉顔を洗う〈～衣服 yīfu〉洗濯する
洗手间 xǐshǒujiān [名] 洗面所, トイレ
洗衣机 xǐyījī [名] 洗濯機《台》
洗澡 xǐ//zǎo [動] 体を洗う, 入浴する
喜欢 xǐhuan [動] 好む, (…するのが)好きだ
系 xì [名] 学部, 学科
细 xì [形] 細い
下 xià [動] ①下がる, 下る, 降りる ②(雨・雪などが)降る
[名] ①(時間的に)後, 次 ②(…の)下
[量] 動作・行為の回数を数える
下班 xià//bān [動] (～儿)退勤する⇔“上班”(shàng//bān)
下边 xiàbian [名] (～儿)下, 下の方
下车 xià chē □ 車を降りる, 下車する
下课 xià//kè [動] 授業が終わる⇔“上课”(shàng//kè)
下来 xiàlai [動] 下りてくる
下面 xiàmiàn [名] (～儿)下, 下の方
下去 xiàqu [動] 下りていく
下午 xiàwǔ [名] 午後
下雪 xià xuě □ 雪が降る
下雨 xià yǔ □ 雨が降る
夏天 xiàtiān [名] 夏
先 xiān [副] 先に, まず
先…后… xiān… hòu… □ 先に…してから…する
先生 xiānsheng [名] ①先生, =“老师”(lǎoshī) ②…氏, …さん;男性に対する敬称
咸 xián [形] しょっぱい, 塩辛い
现代 xiàndài [名] 現代;近代
现在 xiànzài [名] 今, 現在
相当 xiāngdāng [形] ふさわしい
[副] かなり, 相当に
相反 xiāngfǎn [形] 逆だ, 反対だ
相信 xiāngxìn [動] 信じる
香蕉 xiāngjiāo [名] バナナ
箱子 xiāngzi [名] (大型の)箱;トランク, スーツケース
响 xiǎng [動] 鳴る, 響く, 音がする
想 xiǎng [動] 考える, (…したいと)思う
向 xiàng [介] …に向かって, …に対して
象 xiàng [名] 象;“大象”(dàxiàng)とも《头》
像 xiàng [名] 像
[動] …のようだ, …に似ている
[副] まるで(…のようだ)
橡皮 xiàngpí [名] 消しゴム
消息 xiāoxi [名] 消息, 便り
小 xiǎo [形] 小さい
[接頭] 同輩や目下の人の姓にかぶせて親しみの気持ちを表す

小孩儿 xiǎoháir [名] 子供；"小孩子"(xiǎohaizi)とも⇔"大人"(dàren)

小姐 xiǎojiě [名] …さん，…嬢；若い女性に対する敬称

小时 xiǎoshí [名] 時間の単位；分

小说 xiǎoshuō [名] 小説《本、篇》

小心 xiǎoxīn [動] 注意する，気をつける
[形] 注意深い

小学 xiǎoxué [名] 小学校《所》

小学生 xiǎoxuéshēng [名] 小学生

校门 xiàomén [名] 校門

笑 xiào [動] 笑う

笑话 xiàohua [名] (～儿)笑い話；おかしなこと
[動] (人を)笑いものにする，あざける

些 xiē [量] いくらか，少々

鞋 xié [名] 靴；短靴《只、双》

写 xiě [動] 書く〈～信 xìn〉手紙を書く

血 xiě [名] 血

谢谢 xièxie [動] 感謝する；ありがとう

心 xīn [名] ①心臓，＝"心脏"(xīnzàng) ②心，気持ち，意図

辛苦 xīnkǔ [形] 苦しい，つらい
[動] 苦労をかける

新 xīn [形] 新しい

新年 xīnnián [名] 新年，正月

新闻 xīnwén [名] ニュース《条》

新鲜 xīnxian [形] ①新鮮だ ②珍しい

信 xìn [名] 手紙《封》

信封 xìnfēng [名] (～儿)封筒

星期 xīngqī [名] 曜日

星期日 xīngqīrì [名] 日曜日；"星期天"(xīngqītiān)とも

星星 xīngxing [名] 〈口〉星

行 xíng [形] よろしい，差し支えない，大丈夫だ

行李 xíngli [名] (旅行の)荷物《件》

醒 xǐng [動] 覚める，目覚める

兴趣 xìngqù [名] 興味，面白み

幸福 xìngfú [名] 幸福，幸せ
[形] 幸せだ

姓 xìng [動] …という姓である

姓名 xìngmíng [名] 姓名

兄弟 xiōngdì [名] 兄弟

胸 xiōng [名] 胸

熊猫 xióngmāo [名] パンダ《只》

休息 xiūxi [動] 休む，休息する

需要 xūyào [動] 必要とする
[名] 需要

许多 xǔduō [数] 多くの，たくさんの

选 xuǎn [動] 選ぶ

选择 xuǎnzé [動] 選ぶ，選択する

学 xué [動] 学ぶ

学生 xuésheng [名] 生徒，学生

学问 xuéwen [名] 学問，知識

学习 xuéxí [動] 学ぶ，学習する

学校 xuéxiào [名] 学校《所》

雪 xuě [名] 雪

Y

鸭 yā [名] あひる《只》

牙 yá [名] 歯；"牙齿"(yáchǐ)とも《颗》

牙刷 yáshuā [名] (～儿)歯ブラシ《把》

烟 yān [名] ①けむり ②たばこ

严格 yángé [形] 厳しい，厳格だ

严重 yánzhòng [形] 重大だ，深刻だ

研究 yánjiū [動] 研究する

盐 yán [名] 塩

颜色 yánsè [名] 色

眼镜 yǎnjìng [名] (～儿)めがね《副》

眼睛 yǎnjing [名] 目《只、双、对》

眼泪 yǎnlèi 名 涙《滴》
演员 yǎnyuán 名 俳優
羊 yáng 名 ひつじ《只》
养 yǎng 動 養う, 飼う, 育てる
样子 yàngzi 名 様子
要求 yāoqiú 動 求める, 要求する
名 要求
腰 yāo 名 腰
咬 yǎo 動 かむ
药 yào 名 薬
要 yào 動 要る, ほしい
助動 …する, …したい, …しなくてはならない
要是 yàoshi 接 もし…ならば
钥匙 yàoshi 名 鍵, キー《把》
爷爷 yéye 名 おじいさん；父方の祖父
也 yě 副 …も, …もまた
也许 yěxǔ 副 …かもしれない
叶子 yèzi 名 葉, 葉っぱ《片》
页 yè 量 ページ数を数える
夜里 yèli 名 夜, 夜中
一般 yìbān 形 一般的だ, 普通だ
一半 yíbàn 数 (~儿)半分
一边(儿)…一边(儿)… yìbiān(r)… yìbiān(r)… □ …しながら…する
一点儿 yìdiǎnr 数量 ちょっと, 少し
一定 yídìng 副 きっと, 必ず
一共 yígòng 副 合わせて, 全部で
一会儿 yíhuìr 数量 しばらくの間
一…就… yī… jiù… □ ちょっと…すると, …するやたちまち
一块儿 yíkuàir 副 一緒に(…する)
一起 yìqǐ 副 一緒に(…する)
一切 yíqiè 代 一切, すべて
一下 yíxià 数量 (~儿)(動詞の後に用いて)ちょっと(…する)；“一下子”(yíxiàzi)とも

一些 yìxiē 数量 少し, 少々
一样 yíyàng 形 同じだ, 同様だ
一直 yìzhí 副 まっすぐに, ずっと
衣服 yīfu 名 服, 衣服《件》
医生 yīshēng 名 医師, 医者
医院 yīyuàn 名 病院
已经 yǐjīng 副 すでに
以后 yǐhòu 名 以後
以来 yǐlái 名 …以来
以内 yǐnèi 名 以内
以前 yǐqián 名 以前
以上 yǐshàng 名 ①以上, これまでの事 ②…以上
以外 yǐwài 名 以外
以为 yǐwéi 動 …と思う, 思い込む
以下 yǐxià 名 ①以下, これから先のこと ②…以下
椅子 yǐzi 名 椅子《把》
艺术 yìshù 名 芸術
意见 yìjian 名 ①意見 ②異議
意思 yìsi 名 意味
因为…所以… yīnwei… suǒyǐ… □ …なので…だ
阴 yīn 形 曇っている
音乐 yīnyuè 名 音楽
银行 yínháng 名 銀行《家、所》
饮料 yǐnliào 名 飲み物
印象 yìnxiàng 名 印象
应该 yīnggāi 助動 …すべきだ
英语 Yīngyǔ 名 英語；“英文”(Yīngwén)とも
赢 yíng 動 勝つ⇔“输”(shū)
影响 yǐngxiǎng 動 影響する
名 影響
硬 yìng 形 硬い
永远 yǒngyuǎn 副 永遠に
用 yòng 動 使う, 用いる
介 …で, …を使って

用功 yòng//gōng 動 勉学に励む
优秀 yōuxiù 形 優秀だ, 優れている
邮局 yóujú 名 郵便局《所》
邮票 yóupiào 名 切手《张、套》
油 yóu 名 油
油腻 yóunì 形 脂っこい
油条 yóutiáo 名 (ねじってのばした)揚げパン
游览 yóulǎn 動 遊覧する
游泳 yóu//yǒng 動 泳ぐ, 遊泳する
友好 yǒuhǎo 形 友好的だ
友谊 yǒuyì 名 友誼, 友情
有 yǒu 動 (…に…が)ある, (…を)持っている
有的 yǒude 代 (人や物について)ある…, 一部の…
有点儿 yǒudiǎnr 副 少し, 少々;望ましくない事柄について
有名 yǒumíng 形 有名だ
有时 yǒushí 副 時には;“有时候”(yǒushíhou)とも
有时…有时… yǒushí…yǒushí… □ 時には…, 時には…
有些 yǒuxiē 代 いくつかの, いくらかの, 一部の
副 少し, いささか
有意思 yǒu yìsi □ 面白い, 興味深い ⇔“没意思”(méi yìsi)
又 yòu 副 (過去のことについて)また, ふたたび
又…又… yòu…yòu… □ …でもあり…でもある
右边 yòubian 名 (~儿)右, 右の方
鱼 yú 名 魚《条、尾》
愉快 yúkuài 形 楽しい, 愉快だ
羽毛球 yǔmáoqiú 名 バドミントン
雨 yǔ 名 雨
雨伞 yǔsǎn 名 雨傘《把》
雨衣 yǔyī 名 レインコート《件》
语法 yǔfǎ 名 語法, 文法
语文 yǔwén 名 ①言語と文字 ②言語と文学
语言 yǔyán 名 言語
浴室 yùshì 名 浴室《间》
预习 yùxí 動 予習する⇔“复习”(fùxí)
遇到 yùdào 動 出会う
元 yuán 量 元;通貨の単位, “圆”とも書く
元旦 yuándàn 名 元旦
原来 yuánlái 形 もともとの
副 もともとは(…だったのか)
原谅 yuánliàng 動 (情状を酌量して)許す, 勘弁する
原因 yuányīn 名 原因
圆 yuán 形 円い
量 元;通貨の単位, =“元”(yuán)
圆珠笔 yuánzhūbǐ 名 ボールペン《支》
远 yuǎn 形 遠い
院子 yuànzi 名 庭;中庭
愿望 yuànwàng 名 願望, 望み, 願い
愿意 yuànyì 動 望む, 願う
助動 …したいと思う, 喜んで…する
约 yuē 動 ①約束する ②誘う, 招く
约会 yuēhui 動 会う約束をする, デートをする
名 会う約束, デート
月 yuè 名 月数をいう
月底 yuèdǐ 名 月末
月亮 yuèliang 名 月;天体
越…越… yuè…yuè… □ …であればあるほど…だ

Y

云	yún	名	雲
云彩	yúncai	名	〈口〉雲
运动	yùndòng	名	運動, スポーツ
		動	運動する

Z

杂志	zázhì	名	雑誌《本》
再	zài	副	(未来のことについて)また, ふたたび
再见	zàijiàn	動	(また会いましょう⇒)さようなら
在	zài	動	(…は…に)ある, いる
		介	…で;場所を示す
		副	(動詞の前に用いて)…している;進行・継続中であることを示す
咱们	zánmen	代	わたしたち, ぼくたち;相手と自分を含めて
赞成	zànchéng	動	賛成する
脏	zāng	形	汚い, 汚れている
早	zǎo	形	早い
早晨	zǎochen	名	朝, 早朝
早饭	zǎofàn	名	朝食, 朝ごはん
早上	zǎoshang	名	朝
怎么	zěnme	代	①なぜ, どうして ②どう, どのように
怎么样	zěnmeyàng	代	どのような, どのように, どのようであるか;“怎样”(zěnyàng)とも
增加	zēngjiā	動	増える, 増加する
摘	zhāi	動	①摘み取る ②(帽子・手袋などを)脱ぐ, 外す
窄	zhǎi	形	(幅や範囲が)狭い⇔“宽”(kuān)
展览	zhǎnlǎn	動	展覧する
展览会	zhǎnlǎnhuì	名	展覧会
占	zhàn	動	占める
站	zhàn	動	立つ
		名	駅, 停留所
站台	zhàntái	名	プラットホーム;“月台”(yuètái)とも
张	zhāng	量	平らな面を持っている物を数える
长	zhǎng	動	生える, 成長する
掌握	zhǎngwò	動	把握する
丈夫	zhàngfu	名	夫
招待	zhāodài	動	招待する
招呼	zhāohu	動	①呼ぶ, 声をかける ②挨拶する
着急	zháojí	形	焦る, いらだつ
找	zhǎo	動	捜す, 探す
找钱	zhǎo//qián	動	お釣りを出す
照顾	zhàogù	動	世話をする, 面倒をみる
照片	zhàopiàn	名	写真;〈口〉“照片儿”(zhàopiānr)とも《张》
照相	zhào//xiàng	動	写真を撮る
照相机	zhàoxiàngjī	名	カメラ《架》
这	zhè	代	これ, それ;この, その 〈口〉zhèi
这边	zhèbian	代	(~儿)ここ, こちら
这次	zhè cì	□	今回, こんど
这个	zhège	代	これ, この 〈口〉zhèige
这里	zhèli	代	ここ
这么	zhème	代	このように
这儿	zhèr	代	〈口〉ここ
这些	zhèxiē	代	これら, これらの
这样	zhèyàng	代	(~儿)このような, このように 〈口〉zhèiyàng
着	zhe	助	…している, …してある;持続を示す
真	zhēn	副	本当に, じつに
枕头	zhěntou	名	まくら《对》
正月	zhēngyuè	名	正月;旧暦の１月
整理	zhěnglǐ	動	整理する, 片づける

整齐 zhěngqí 形 そろっている, きちんとしている

正 zhèng 副 …している;“正在”(zhèngzài)とも

正常 zhèngcháng 形 正常だ

正好 zhènghǎo 形 ちょうどよい
副 うまいぐあいに

正确 zhèngquè 形 正確だ

正在 zhèngzài 副 ちょうど…しているところだ

支 zhī 量 棒状の物を数える;“枝”とも書く

只 zhī 量 匹, 頭;動物を数える

枝 zhī 量 ①枝についた花や葉を数える ②“支”(zhī)に同じ

知道 zhīdao 動 分かる, 知っている;否定形は多く zhīdào

知识 zhīshi 名 知識

直接 zhíjiē 形 直接的だ

职员 zhíyuán 名 職員

植物 zhíwù 名 植物

只 zhǐ 副 ただ…だけ

只好 zhǐhǎo 副 …するよりほかにしかたがない

只是 zhǐshì 副 ただ…するばかりだ
接 …ではあるがしかし

只要 zhǐyào 接 …しさえすれば, …でありさえすれば

只有 zhíyǒu 接 ただ…だけが(…だ)

纸 zhǐ 名 紙《张》

中餐 zhōngcān 名 中国料理

中间 zhōngjiān 名 中, 中ほど, 中間;〈口〉“中间儿”(zhōngjiànr)

中文 Zhōngwén 名 中国語, 中国語の文章

中午 zhōngwǔ 名 お昼;12 時前後

中心 zhōngxīn 名 中心, 中央

中学 zhōngxué 名 中学校, 高校《所》

中学生 zhōngxuéshēng 名 中学生, 高校生

中央 zhōngyāng 名 中央

中药 zhōngyào 名 漢方薬

钟 zhōng 名 ①時計 ②時間を表す

钟头 zhōngtóu 名 時間の単位;60 分

种 zhǒng 量 種類を数える

种子 zhǒngzi 名 種《颗、粒》

种 zhòng 動 植える〈～花 huā〉花を植える〈～种子 zhǒngzi〉種をまく

重 zhòng 形 重い

重要 zhòngyào 形 重要だ

周 zhōu 名 週, =“星期”(xīngqī)

周到 zhōudào 形 行き届いている

周末 zhōumò 名 週末

周围 zhōuwéi 名 周囲

猪 zhū 名 豚《口、头》

主人 zhǔren 名 主人, ホスト

主席 zhǔxí 名 ①主席 ②議長

主要 zhǔyào 形 主な, 主要な

主意 zhǔyi 名 考え, 意見〈口〉zhúyi

煮 zhǔ 動 ゆでる, 煮る

住 zhù 動 住む, 泊まる

住院 zhù//yuàn 動 入院する⇔“出院”(chū//yuàn)

注意 zhù//yì 動 注意する, 気をつける

祝 zhù 動 祈る, 願う

著名 zhùmíng 形 著名だ, 有名だ

抓 zhuā 動 つかむ;つかまえる

专家 zhuānjiā 名 専門家

专业 zhuānyè 名 専門業務, 専攻学科

转 zhuǎn 動 方向を転換する

装 zhuāng 動 ①入れる, 詰める ②装う, ふりをする

追 zhuī 動 追う, 追いかける

准备 zhǔnbèi 動 ①準備する ②…する

つもりだ

桌子 zhuōzi 名 机, テーブル《张》

资料 zīliào 名 資料

仔细 zǐxì 形 細かい, 注意深い

自己 zìjǐ 代 自分, 自身

自然 zìrán 名 自然, 自然界
形 自然のままの
副 当然, もちろん

自然 zìran 形 無理がない, 自然だ

自我介绍 zìwǒ jièshào □ 自己紹介をする

自行车 zìxíngchē 名 自転車《辆》

自由 zìyóu 名 自由
形 自由だ

字 zì 名 字

字典 zìdiǎn 名 字書, 字典《本、部》

总 zǒng 副 いつも, 常に

走 zǒu 動 ①歩く ②出かける

走路 zǒu//lù 動 歩く, 歩行する

足球 zúqiú 名 サッカー, フットボール

组织 zǔzhī 動 組織する
名 組織

祖父 zǔfù 名 父方の祖父;〈口〉"爷爷"(yéye)

祖母 zǔmǔ 名 父方の祖母;〈口〉"奶奶"(nǎinai)

嘴 zuǐ 名 口《张》

最 zuì 副 最も, いちばん

最初 zuìchū 名 最初

最好 zuìhǎo 副 …するのが最もよい

最后 zuìhòu 名 最後

最近 zuìjìn 名 最近, 近頃, この頃

醉 zuì 動 酔う

尊敬 zūnjìng 動 尊敬する

昨天 zuótiān 名 昨日, きのう

昨晚 zuówǎn 名 昨晩, ゆうべ

左边 zuǒbian 名 (~儿)左, 左の方

左右 zuǒyòu 名 ①左右 ②…前後, …くらい

作家 zuòjiā 名 作家

作品 zuòpǐn 名 作品

作业 zuòyè 名 宿題

作者 zuòzhě 名 作者, 著者

坐 zuò 動 座る, 腰掛ける, 着席する;乗り物に乗る

坐车 zuò chē □ 自動車に乗る

坐船 zuò chuán □ 船に乗る

坐飞机 zuò fēijī □ 飛行機に乗る

座 zuò 量 山や建造物などどっしりした物を数える

座位 zuòwei 名 座席;"坐位"とも書く

做 zuò 動 作る, する, 行う

做饭 zuò fàn □ 料理する

做梦 zuò//mèng 動 夢を見る

做作业 zuò zuòyè □ 宿題をする

付・2 音節語の声調の組み合わせ

中検 4 級および 3 級の試験において，これまでに声調の組み合わせを問う問題として出題された単語の一部を下に掲げる。各組み合わせ 3 語のうち初めの 2 語は名詞，後の 1 語は動詞または形容詞である。繰り返し音読して 2 音節語の声調の組み合わせを身に付けられたい。

1 第 1 声＋第 1 声

□ 飞机 fēijī　飛行機
□ 公司 gōngsī　会社
□ 开车 kāichē　車を運転する

2 第 1 声＋第 2 声

□ 公园 gōngyuán　公園
□ 新闻 xīnwén　ニュース
□ 帮忙 bānmáng　手伝う

3 第 1 声＋第 3 声

□ 黑板 hēibǎn　黒板
□ 铅笔 qiānbǐ　鉛筆
□ 开始 kāishǐ　始める

4 第 1 声＋第 4 声

□ 工作 gōngzuò　仕事，業務
□ 商店 shāngdiàn　商店，店
□ 关照 guānzhào　世話をする

5 第 1 声＋軽声

□ 窗户 chuāng·hu　窓
□ 西瓜 xī·guā　スイカ
□ 商量 shāng·liang　相談する

6 第 2 声＋第 1 声

□ 房间 fángjiān　部屋，ルーム
□ 毛巾 máojīn　タオル
□ 滑冰 huábīng　スケートをする

7 第 2 声＋第 2 声

□ 银行 yínháng　銀行
□ 邮局 yóujú　郵便局
□ 学习 xuéxí　学習する

8 第 2 声＋第 3 声

□ 啤酒 píjiǔ　ビール
□ 苹果 píngguǒ　リンゴ
□ 游泳 yóuyǒng　泳ぐ

9 第 2 声＋第 4 声

□ 节目 jiémù　番組
□ 名片 míngpiàn　名刺
□ 同意 tóngyì　同意する

10 第 2 声＋軽声

□ 名字 míng·zi　名前
□ 朋友 péng·you　友人
□ 觉得 jué·de　覚える，感じる

〈軽声について〉 軽声になる音節の前には chuāng·hu（窗户）のように・印を付けてある。xī·guā（西瓜），fù·qīn（父亲）のように・印の後の音節に声調が付いているものは，その音節が場合によって軽声にも非軽声にも発音されることを示している。

11 第3声＋第1声

□ 老师 lǎoshī （学校の）先生
□ 手机 shǒujī 携帯電話
□ 打工 dǎgōng アルバイトをする

12 第3声＋第2声

□ 导游 dǎoyóu 旅行ガイド
□ 法国 Fǎguó フランス
□ 旅行 lǚxíng 旅行する

13 第3声＋第3声

□ 手表 shǒubiǎo 腕時計
□ 水果 shuǐguǒ 果物
□ 洗澡 xǐzǎo 入浴する

14 第3声＋第4声

□ 比赛 bǐsài 競技，試合
□ 领带 lǐngdài ネクタイ
□ 访问 fǎngwèn 訪ねる

15 第3声＋軽声

□ 耳朵 ěr·duo 耳
□ 眼睛 yǎn·jing 目
□ 喜欢 xǐ·huan 好む，愛する

16 第4声＋第1声

□ 电梯 diàntī エレベーター
□ 面包 miànbāo パン
□ 上班 shàngbān 出勤する

17 第4声＋第2声

□ 课文 kèwén テキストの本文
□ 地图 dìtú 地図
□ 上学 shàngxué 学校へ行く

18 第4声＋第3声

□ 报纸 bàozhǐ 新聞
□ 电脑 diànnǎo コンピューター
□ 跳舞 tiàowǔ ダンスをする

19 第4声＋第4声

□ 电视 diànshì テレビ
□ 饭店 fàndiàn ホテル
□ 毕业 bìyè 卒業する

20 第4声＋軽声

□ 父亲 fù·qīn お父さん
□ 豆腐 dòu·fu 豆腐
□ 告诉 gào·su 告げる，知らせる

名詞と量詞の組み合わせ

“量词 liàngcí” と称される助数詞が名詞と組み合わせて使われることは中国語の大きな特色の一つである。日本語でも助数詞はよく使われるが，中国語ほど豊富ではないし，また中国語と一致しないものが多い。

日本語からの安易な類推は禁物である。中国語の発想に沿って，しっかり組み合わせを覚えよう。

把 bǎ	一把椅子	yì bǎ yǐzi	1脚の椅子
	一把伞	yì bǎ sǎn	1本の傘
	一把剪刀	yì bǎ jiǎndāo	1挺（ちょう）のはさみ
	一把钥匙	yì bǎ yàoshi	1本のかぎ
	一把叉子	yì bǎ chāzi	1本のフォーク
包 bāo	一包茶叶	yì bāo cháyè	1包みの茶葉
	一包烟	yì bāo yān	1箱のタバコ；通常は20本入
杯 bēi	一杯咖啡	yì bēi kāfēi	1杯のコーヒー
	一杯酒	yì bēi jiǔ	1杯の酒
本 běn	一本书	yì běn shū	1冊の本
	一本杂志	yì běn zázhì	1冊の雑誌
	一本词典	yì běn cídiǎn	1冊の辞書
部 bù	一部词典	yí bù cídiǎn	1セットの辞書
	一部电影	yí bù diànyǐng	1本の映画
	一部小说	yí bù xiǎoshuō	1部の小説；長編の
场 cháng	一场雨	yì cháng yǔ	ひとしきりの雨
场 chǎng	一场电影	yì chǎng diànyǐng	1本の映画；上映回数
	一场球赛	yì chǎng qiúsài	1試合の球技
串 chuàn	一串钥匙	yí chuàn yàoshi	1束のかぎ
	一串葡萄	yí chuàn pútao	1房のぶどう
床 chuáng	一床被子	yì chuáng bèizi	1枚の掛けぶとん
	一床褥子	yì chuáng rùzi	1枚の敷きぶとん
袋 dài	一袋饼干	yí dài bǐnggān	1袋のビスケット
	一袋水泥	yí dài shuǐní	1袋のセメント
道 dào	一道命令	yí dào mìnglìng	1つの命令

	一道数学题	yí dào shùxuétí	1題の数学の問題
	一道菜	yí dào cài	1種類の料理；コースの中の
顶 dǐng	一顶帽子	yì dǐng màozi	1個の帽子
	一顶蚊帐	yì dǐng wénzhàng	1張りの蚊帳
栋 dòng	一栋楼房	yí dòng lóufáng	1棟のビル
段 duàn	一段路	yí duàn lù	1区間の道
	一段时间	yí duàn shíjiān	1区切りの時間
堆 duī	一堆垃圾	yì duī lājī	1山のごみ
对 duì	一对花瓶	yí duì huāpíng	1対の花瓶
	一对夫妇	yí duì fūfù	1組の夫婦
顿 dùn	一顿饭	yí dùn fàn	1度の食事
朵 duǒ	一朵花	yì duǒ huā	1輪の花
	一朵云	yì duǒ yún	1かたまりの雲
番 fān	一番功夫	yì fān gōngfu	1つの苦心・工夫
份 fèn	一份快餐	yí fèn kuàicān	1人前のファストフード
	一份报纸	yí fèn bàozhǐ	1部の新聞
	一份文件	yí fèn wénjiàn	1式の書類
封 fēng	一封信	yì fēng xìn	1通の手紙
幅 fú	一幅挂图	yì fú guàtú	1幅の掛け図
服 fù	一服中药	yí fù zhōngyào	1服の漢方薬
副 fù	一副眼镜	yí fù yǎnjìng	1本のめがね
	一副手套	yí fù shǒutào	1足の手袋
	一副对联	yí fù duìlián	1組の対聯（ついれん）
缸 gāng	一缸白酒	yì gāng báijiǔ	1かめの白酒；蒸留酒の一種
个 ge	一个女孩儿	yí ge nǚháir	1人の女の子
	一个苹果	yí ge píngguǒ	1つのりんご
	一个本子	yí ge běnzi	1冊のノート
	一个问题	yí ge wèntí	1つの問題・質問
	一个星期	yí ge xīngqī	1週間
根 gēn	一根火柴	yì gēn huǒchái	1本のマッチ
	一根头发	yì gēn tóufa	1本の髪の毛
股 gǔ	一股香味儿	yì gǔ xiāngwèir	ただよってくるよいにおい
	一股力气	yì gǔ lìqi	みなぎる力

挂 guà	一挂鞭炮	yí guà biānpào	1連の爆竹
管 guǎn	一管毛笔	yì guǎn máobǐ	1本の筆
	一管日光灯	yì guǎn rìguāngdēng	1本の蛍光灯
行 háng	一行字	yì háng zì	1行の文字
	一行树	yì háng shù	1列に並んだ立ち木
盒 hé	一盒火柴	yì hé huǒchái	1箱のマッチ
	一盒烟	yì hé yān	1箱のタバコ
伙 huǒ	一伙坏人	yì huǒ huàirén	1群の悪党
件 jiàn	一件毛衣	yí jiàn máoyī	1枚のセーター
	一件行李	yí jiàn xíngli	1個の荷物
	一件事情	yí jiàn shìqing	1つの事柄
节 jié	一节课	yì jié kè	1時限の授業
	一节车厢	yì jié chēxiāng	1両の車両
棵 kē	一棵树	yì kē shù	1本の立ち木
颗 kē	一颗子弹	yì kē zǐdàn	1発の弾丸
	一颗星星	yì kē xīngxing	1粒の星
口 kǒu	一口人	yì kǒu rén	1人の家族
	一口猪	yì kǒu zhū	1匹（頭）の豚
块 kuài	一块肉	yí kuài ròu	一塊《ひとかたまり》の肉
	一块面包	yí kuài miànbāo	一塊《ひとかたまり》のパン
	一块手表	yí kuài shǒubiǎo	1つの腕時計
辆 liàng	一辆汽车	yí liàng qìchē	1台の自動車
	一辆自行车	yí liàng zìxíngchē	1台の自転車
枚 méi	一枚金牌	yì méi jīnpái	1枚の金メダル
门 mén	一门学问	yì mén xuéwen	1分野の学問
	一门大炮	yì mén dàpào	1台の大砲
面 miàn	一面镜子	yí miàn jìngzi	1枚の鏡
	一面红旗	yí miàn hóngqí	1枚の赤い旗
匹 pǐ	一匹马	yì pǐ mǎ	1頭の馬
	一匹棉布	yì pǐ miánbù	1疋の綿布
篇 piān	一篇文章	yì piān wénzhāng	1編の文章
	一篇小说	yì piān xiǎoshuō	1編の小説
瓶 píng	一瓶啤酒	yì píng píjiǔ	1瓶のビール

首 shǒu	一首诗	yì shǒu shī	1首の詩
	一首歌	yì shǒu gē	1曲の歌
双 shuāng	一双手	yì shuāng shǒu	両方の手
	一双眼睛	yì shuāng yǎnjing	左右の目
	一双鞋	yì shuāng xié	1足の靴
所 suǒ	一所房子	yì suǒ fángzi	1軒の家
	一所学校	yì suǒ xuéxiào	1つの学校
台 tái	一台电脑	yì tái diànnǎo	1台のパソコン
	一台电视机	yì tái diànshìjī	1台のテレビ
套 tào	一套家具	yí tào jiājù	家具1セット
	一套西服	yí tào xīfú	洋服1そろい；三つぞろいなど
条 tiáo	一条河	yì tiáo hé	1筋の川
	一条裤子	yì tiáo kùzi	1本のズボン
	一条狗	yì tiáo gǒu	1匹の犬
头 tóu	一头牛	yì tóu niú	1頭の牛
碗 wǎn	一碗粥	yì wǎn zhōu	1碗のおかゆ
	一碗面条	yì wǎn miàntiáo	1碗のうどん
位 wèi	一位老师	yí wèi lǎoshī	1人の先生
眼 yǎn	一眼井	yì yǎn jǐng	1基の井戸
样 yàng	一样菜	yí yàng cài	1種類の料理
张 zhāng	一张纸	yì zhāng zhǐ	1枚の紙
	一张票	yì zhāng piào	1枚のチケット
	一张桌子	yì zhāng zhuōzi	1脚の机
支（枝）zhī	一支铅笔	yì zhī qiānbǐ	1本の鉛筆
	一支烟	yì zhī yān	1本のタバコ
只 zhī	一只猫	yì zhī māo	1匹の猫
	一只手	yì zhī shǒu	片方の手
座 zuò	一座山	yí zuò shān	1座の山
	一座钟	yí zuò zhōng	1個の置時計
	一座城市	yí zuò chéngshì	1つの都市

中国語検定試験について

一般財団法人 日本中国語検定協会が実施し，中国語運用能力を認定する試験です。受験資格の制限はありません。また，目や耳，肢体などが不自由な方には特別対応を講じます。中国語検定試験の概要は以下のとおりです。詳しくは後掲（p.108）の日本中国語検定協会のホームページや，協会が発行する「受験案内」をご覧いただくか，協会に直接お問い合わせください。

認定基準と試験内容

準4級	**中国語学習の準備完了** 学習を進めていく上での基礎的知識を身につけていること。 （学習時間60～120時間。一般大学の第二外国語における第一年度前期修了，高等学校における第一年度通年履修，中国語専門学校・講習会などにおける半年以上の学習程度。） 基礎単語約500語（簡体字を正しく書けること），ピンイン（表音ローマ字）の読み方と綴り方，単文の基本文型，簡単な日常挨拶語約50～80。
4　級	**中国語の基礎をマスター** 平易な中国語を聞き，話すことができること。 （学習時間120～200時間。一般大学の第二外国語における第一年度履修程度。） 単語の意味，漢字のピンイン（表音ローマ字）への表記がえ，ピンインの漢字への表記がえ，常用語500～1,000による中国語単文の日本語訳と日本語の中国語訳。
3　級	**自力で応用力を養いうる能力の保証（一般的事項のマスター）** 基本的な文章を読み，書くことができること。 簡単な日常会話ができること。 （学習時間200～300時間。一般大学の第二外国語における第二年度履修程度。） 単語の意味，漢字のピンイン（表音ローマ字）への表記がえ，ピンインの漢字への表記がえ，常用語1,000～2,000による中国語複文の日本語訳と日本語の中国語訳。
2　級	**実務能力の基礎づくり完成の保証** 複文を含むやや高度な中国語の文章を読み，３級程度の文章を書くことができること。 日常的な話題での会話が行えること。 単語・熟語・慣用句の日本語訳・中国語訳，多音語・軽声の問題，語句の用法の誤り指摘，100～300字程度の文章の日本語訳・中国語訳。

準1級	**実務に即従事しうる能力の保証（全般的事項のマスター）** 社会生活に必要な中国語を基本的に習得し，通常の文章の中国語訳・日本語訳，簡単な通訳ができること。 （一次）新聞・雑誌・文学作品・実用文などやや難度の高い文章の日本語訳・中国語訳。 （二次）簡単な日常会話と口頭での中文日訳及び日文中訳など。
1　級	**高いレベルで中国語を駆使しうる能力の保証** 高度な読解力・表現力を有し，複雑な中国語及び日本語（例えば挨拶・講演・会議・会談など）の翻訳・通訳ができること。 （一次）時事用語も含む難度の高い文章の日本語訳・中国語訳。熟語・慣用句などを含む総合問題。 （二次）日本語と中国語の逐次通訳。

日程と時間割

準4級，4級，3級，2級及び準1級の一次試験は3月，6月，11月の第4日曜日の年3回，1級の一次試験は11月の第4日曜日の年1回実施します。

一次試験は次の時間割で実施し，午前の級と午後の級は併願できます。

午前			午後		
級	集合時間	終了予定時間	級	集合時間	終了予定時間
準4級	10:00	11:15	4　級	13:30	15:25
3　級		11:55	2　級		15:45
準1級		12:15	1　級		15:45

準1級と1級の二次試験は，一次試験合格者を対象に，一次が3月，6月の場合は5週間後，一次が11月の場合は1月の第2日曜日に実施します。（協会ホームページに日程掲載。）

受験会場

全国主要都市に42か所，海外は北京，上海，台北，シンガポールの4か所を予定しています（2020年5月現在）。二次試験は，準1級を東京と大阪，1級を東京で実施します。ただし，受験者多数の場合，上海でも実施することがあります。

受験申込

郵送かインターネットで申込みます。受験料は次のとおりです。

級	郵送による申込	インターネットによる申込
準4級	3,200円	3,000円
4　級	4,200円	4,000円
3　級	5,200円	5,000円
2　級	7,200円	7,000円
準1級	8,700円	8,500円
1　級	9,700円	9,500円

（2020年5月現在）

出題・解答の方式，配点，合格基準点

級	種類	方式	配点	合格基準点
準4級	リスニング	選択式	50点	60点
	筆　記	選択式・記述式	50点	
4　級	リスニング	選択式	100点	60点
	筆　記	選択式・記述式	100点	60点
3　級	リスニング	選択式	100点	65点
	筆　記	選択式・記述式	100点	65点
2　級	リスニング	選択式	100点	70点
	筆　記	選択式・記述式	100点	70点
準1級	リスニング	選択式・記述式	100点	75点
	筆　記	選択式・記述式	100点	75点
1　級	リスニング	選択式・記述式	100点	85点
	筆　記	選択式・記述式	100点	85点

・解答は，マークシートによる選択式及び一部記述式を取り入れています。また，録音によるリスニングを課し，特に準１級・１級にはリスニングによる書き取りを課しています。

・記述式の解答は，簡体字の使用を原則としますが，２級以上は特に指定された場合を除き，簡体字未習者の繁体字の使用は妨げません。但し，字体の混用は減点の対象となります。
・４級～１級は，リスニング・筆記ともに合格基準点に達していないと合格できません。準４級は合格基準点に達していてもリスニング試験を受けていないと不合格となります。
・合格基準点は，難易度を考慮して調整されることがあります。

二次試験内容

準１級は，面接委員との簡単な日常会話，口頭での中文日訳と日文中訳，指定されたテーマについての口述の３つの試験を行い，全体を通しての発音・イントネーション及び語彙・文法の運用能力の総合的な判定を行います。10～15分程度。合格基準点は 75 点／ 100 点

１級は，面接委員が読む中国語長文の日本語訳と，日本語長文の中国語訳の２つの試験を行います。20～30 分程度。合格基準点は各 85 点／ 100 点

一般財団法人 日本中国語検定協会
〒 103-8468　東京都中央区東日本橋 2-28-5 協和ビル
Tel：０３－５８４６－９７５１
Fax：０３－５８４６－９７５２
ホームページ：http://www.chuken.gr.jp
E-mail：info@chuken.gr.jp

試験結果データ（2019 年度実施分）

L：リスニング　W：筆記　口試 1：中文日訳　口試 2：日文中訳

第98回	準４級	４級	３級	２級	準１級	準１級二次	１級一次	１級二次
		L / W	L / W	L / W	L / W	口試	L / W	口試1/口試2
合格基準点	60	60(55)/60(55)	65(60)/65(60)	70/70(65)	75/75(70)	75	－	－
平均点	70.6	58.2/67.7	64.3/63.2	67.7/60.3	67.2/59.5	88.2	－	－
志願者数	1,992	2,619	2,758	1,481	491	91	－	－
受験者数	1,812	2,263	2,423	1,339	445	79	－	－
合格者数	1,425	1,210	1,115	437	90	73	－	－
合格率	78.6%	53.5%	46.0%	32.6%	20.2%	92.4%	－	－

第99回	準４級	４級	３級	２級	準１級一次	準１級二次	１級一次	１級二次
		L / W	L / W	L / W	L / W	口試	L / W	口試1/口試2
合格基準点	60	60/60	65(55)/65(55)	70(65)/70(65)	75(70)/75(70)	75	85/85	85/85
平均点	70.6	64.8/69.4	54.0/61.5	64.5/59.1	62.7/57.8	89.5	72.6/66.1	89.1/84.4
志願者数	3,525	3,836	3,392	1,895	469	81	259	17
受験者数	3,235	3,387	2,933	1,715	407	72	241	17
合格者数	2,526	1,953	1,238	540	70	70	16	11
合格率	78.1%	57.7%	42.2%	31.5%	17.2%	97.2%	6.6%	64.7%

※　（二次）志願者数には，一次試験免除者を含みます。

※　合格基準点欄（　）内の数字は，難易度を考慮して当該回のみ適用された基準点です。

B　第　　　回　　4級　解答用紙

受験番号							
会場							
氏名							

記入例

良い例	悪い例
▬	[six badly filled example marks]

（小さすぎたり，はみだしたり，うすすぎたりしないように。）

マーク欄全体を塗りつぶしてください。

リスニング

1

(1)	1	2	3	4
(2)	1	2	3	4
(3)	1	2	3	4
(4)	1	2	3	4
(5)	1	2	3	4
(6)	1	2	3	4
(7)	1	2	3	4
(8)	1	2	3	4
(9)	1	2	3	4
(10)	1	2	3	4

2

(1)	1	2	3	4
(2)	1	2	3	4
(3)	1	2	3	4
(4)	1	2	3	4
(5)	1	2	3	4
(6)	1	2	3	4
(7)	1	2	3	4
(8)	1	2	3	4
(9)	1	2	3	4
(10)	1	2	3	4

筆記

1

(1)	1	2	3	4
(2)	1	2	3	4
(3)	1	2	3	4
(4)	1	2	3	4
(5)	1	2	3	4
(6)	1	2	3	4
(7)	1	2	3	4
(8)	1	2	3	4
(9)	1	2	3	4
(10)	1	2	3	4

2

(1)	1	2	3	4
(2)	1	2	3	4
(3)	1	2	3	4
(4)	1	2	3	4
(5)	1	2	3	4
(6)	1	2	3	4
(7)	1	2	3	4
(8)	1	2	3	4
(9)	1	2	3	4
(10)	1	2	3	4

3

(1)	1	2	3	4
(2)	1	2	3	4
(3)	1	2	3	4
(4)	1	2	3	4
(5)	1	2	3	4
(6)	1	2	3	4
(7)	1	2	3	4
(8)	1	2	3	4
(9)	1	2	3	4
(10)	1	2	3	4

4

(1)	1	2	3	4
(2)	1	2	3	4
(3)	1	2	3	4
(4)	1	2	3	4
(5)	1	2	3	4
(6)	1	2	3	4

5

		点数
(1)		
(2)		
(3)		
(4)		
(5)		

音声ダウンロード

中検4級試験問題2020［第98・99回］解答と解説

2020年6月 5 日　初版印刷
2020年6月11日　初版発行

編　者　一般財団法人 日本中国語検定協会

発行者　佐藤康夫
発行所　白 帝 社

〒171-0014　東京都豊島区池袋2-65-1
TEL 03-3986-3271　FAX 03-3986-3272
info@hakuteisha.co.jp　http://www.hakuteisha.co.jp/

印刷 倉敷印刷（株）／製本（株）ティーケー出版印刷

Printed in Japan　〈検印省略〉　6914　　ISBN978-4-86398-384-7

＊定価はカバーに表示してあります。